SECCIÓN DE OBRAS DE SOCIOLOGÍA

# UNA EXTRAÑA DICTADURA

Traducción
DANIEL ZADUNAISKY

VIVIANE FORRESTER

# UNA EXTRAÑA DICTADURA

FONDO DE CULTURA ECONÓMICA
MÉXICO

Primera edición en francés, 2000
Primera edición en español (FCE, Argentina), 2000
Segunda edición (FCE, México), 2002



Comentarios y sugerencias: editor@fce.com.mx
Conozca nuestro catálogo: www.fce.com.mx

Título original: *Une étrange dictature*

ISBN 2-213-60271-9


Carretera Picacho-Ajusco, 227; 14200 México, D. F.

ISBN 968-16-6523-6 (segunda edición)
ISBN 950-557-358-8 (primera edición)

Impreso en México

*Día a día* asistimos al fiasco del ultraliberalismo. Cada día, este sistema ideológico basado en el dogma (o el fantasma) de una autorregulación de la llamada economía de mercado demuestra su incapacidad para autodirigirse, controlar lo que provoca, dominar los fenómenos que desencadena. A tal punto que sus iniciativas, tan crueles para el conjunto de la población, se vuelven en su contra por un efecto bumerán, y al mismo tiempo el sistema se muestra impotente para restablecer un mínimo de orden en aquello que insiste en imponer.

¿Cómo es posible que pueda continuar sus actividades con la arrogancia de siempre, que su poder tan caduco se consolide y despliegue cada vez más su carácter hegemónico? Sobre todo, ¿de dónde viene esta impresión creciente de vivir atrapados bajo una dominación inexorable, "globalizada", tan poderosa que sería vano cuestionarla, fútil analizarla, absurdo oponérsele y delirante siquiera soñar con sacudirse una omnipotencia que supuestamente se confunde con la historia? ¿A qué se debe que no reaccionemos, que sigamos cediendo, consintiendo, atenazados, rodeados de fuerzas coercitivas, difusas, que parecen saturar todos los territorios, ancladas, inextricables y de orden natural?

Es hora de despertar, de constatar que no vivimos bajo el imperio de una fatalidad sino de algo más banal, de un régimen político nuevo, no declarado, de carácter internacional e incluso planetario, que se instauró sin ocultarse pero a espaldas de todos, de manera no clandestina sino insidiosa, anónima, tanto más imperceptible por cuanto su ideología descarta el principio mismo de lo político y su poder no necesita gobiernos ni instituciones. Este régimen no gobierna: desprecia y desconoce a aquellos a quienes tendría que gobernar. Para él, las instancias y funciones políticas clásicas son subalternas, carentes de interés: lo estorbarían, lo harían visible, permitirían convertirlo en blanco de ataques, echar luz sobre sus maniobras, exhibirlo como la fuente de las desdichas planetarias con las cuales jamás aparece vinculado, porque si bien ejerce el verdadero poder en el planeta, delega en los gobiernos la aplicación de todo lo que ello implica. En cuanto a los pueblos, el régimen apenas experimenta una sensación de fastidio cuando ellos se apartan del silencio, del mutismo que supuestamente debería caracterizarlos.

Para este régimen no se trata de organizar una sociedad sino de aplicar una idea fija, diríase maniática: la obsesión de allanar el terreno para el juego sin obstáculos de la rentabilidad, una rentabilidad cada vez más abstracta y virtual. La obsesión de ver el planeta convertido en terreno entregado a un deseo muy humano, pero que nadie imaginaba convertido –o supuestamente a punto de convertirse– en elemento único, soberano, en el objetivo final de la aventura planetaria: el gusto de acumular, la neurosis del lucro, el afán de la ganancia, del beneficio en estado puro, dispuesto a provocar todos los estragos, acaparando todo el territorio o, más aún, el espacio en su totalidad, por encima de sus configuraciones geográficas.

Una de las cartas de triunfo, una de las armas más eficaces de esta razzia es la introducción de una palabra perversa, la "globalización", que supuestamente define el estado del mundo, pero en realidad lo oculta. Así, con un término vago y reductor, carente de significación real o por lo menos precisa, "engloba" lo económico, político, social y cultural, los escamotea para sustituirlos y así evitar que esta amalgama caiga bajo la luz del análisis y la comprobación. El mundo real parece estar atrapado, engullido en este globo virtual presentado como si fuera real. Y todos tenemos la impresión de estar encerrados en las cuevas de este globo, en una trampa sin salida.

Recientemente, un periodista explicaba por radio, a propósito de una de esas decisiones empresariales que se han vuelto habituales –en este caso una fusión–, que provocan despidos masivos: "La globalización los obliga..." Ajá, ¿de veras? Ni una palabra más: ¡a callar! Y para el que no terminó de comprender, aquí va el argumento definitivo: "La competitividad exige que..." Sin embargo, en este caso, "la" globalización no significa nada. Lo que "obliga" a fusionar y por lo tanto a despedir es exclusivamente la "necesidad" de obtener mayores ganancias. Se responderá que esa ganancia es beneficiosa, necesaria para todos, que de la prosperidad de las empresas, esa gallina de los huevos de oro, depende la creación de puestos de trabajo, la disminución del desempleo, en fin, la suerte de la mayoría. Pero este argumento olvida que la empresa había alcanzado la prosperidad empleando a los que ahora despide. Lo que desea aumentar no es su volumen de negocios sino, precisamente porque es próspera, la rentabilidad que obtiene, y que obtienen sus accionistas, de ese volumen. ¡Y para ello no hay que crear puestos de trabajo sino echar trabajadores!

También olvida que en el mundo entero, mientras se repite el estribillo oficial: "prioridad a la creación de puestos de trabajo", las empresas (generalmente muy rentables) que despiden masivamente mejoran su cotización en la Bolsa *justamente por ello,* en tanto sus directivos proclaman que su modo de gestión preferido es la reducción de los costos laborales, o sea los despidos en masa. Cada día hay una lista de ejemplos.

Veamos algunos, entre muchos, correspondientes a marzo de 1996:

El día 7 ATT (el gigante estadunidense de las telecomunicaciones), que dos meses antes había anunciado 40 000 despidos, informó a la prensa que el sueldo de su presidente, Robert Allen, era de 16 200 000 dólares (la tercera parte en opciones de compra de acciones), casi el triple que el año anterior. En su haber no tenía otra realización de beneficios que esos 40 000 despidos...

El 9, Sony anuncia la eliminación de 17 000 puestos; su cotización aumenta ese día 8.41 puntos y al siguiente 4.11.

El 11, Alcatel, con 15 000 millones de francos de ganancias, anuncia 12 000 despidos, con los cuales suma 30 000 en cuatro años.

El 19, la privatizada Deutsche Telekom anuncia 70 000 despidos en tres años.

El 25, Akai anuncia entre 154 y 180 despidos en su planta de Honfleur, donde emplea a 484 trabajadores. Motivo: su traslado a Gran Bretaña y Tailandia.

Ese día, Swissair suma a una primera oleada de 1 600 despidos otros 1 200. El objetivo: la competitividad y reducción de costos en 500 millones de francos suizos (2 110 000 francos franceses o 470 000 dólares). France Telécom, con 15 000 millones de ganancias, no tomará empleados y así sucesivamente.

Estos pocos ejemplos de prácticas que se vuelven cada vez más habituales demuestran la incoherencia de proposiciones como las siguientes: el empleo depende del crecimiento; el crecimiento, de la competitividad; la competitividad, de la capacidad para eliminar puestos de trabajo. Lo cual equivale a decir: Para luchar contra el desempleo, ¡hay que despedir!

"La globalización obliga...", "La competitividad exige...": ¡divinas palabras! Ya no se trata de argumentos sino de referencias a la doctrina, a dogmas que ni siquiera es necesario enunciar: basta aludir a ellos para anular cualquier intento de resistencia. "Globalización" forma parte de ese vocabulario rico en términos que, al ser tergiversados y repetidos con fines de una propaganda eficaz, tienen la propiedad de persuadir sin intervención del razonamiento. Su mera enunciación permite manipular magistralmente los espíritus porque, tras ingresar de manera insidiosa en el lenguaje corriente, hasta el punto de aparecer incluso en boca de sus opositores, parece dar por evidente, cierto y por añadidura consumado aquello que la propaganda quiere que se reconozca, pero que difícilmente podría demostrar. Entre estos términos citemos el célebre "mercado libre"... para obtener ganancias; las "restructuraciones" para desmantelar empresas o al menos desintegrar su masa salarial; proceder a los despidos en masa, es decir, a un deterioro drástico de la sociedad, es elaborar un "plan social". Se nos exhorta a combatir el "déficit público" que comprende, en realidad, los "beneficios públicos": esos gastos considerados superfluos, incluso nocivos, no tienen otro defecto que el de no ser rentables, estar perdidos para la economía privada y representar para ella un lucro cesante insoportable. Ahora bien, estos gastos son vitales para sectores esenciales de la sociedad, en especial los de la educación y la salud. No son "útiles" ni "necesarios" sino *indispensables;* de ellos dependen el futuro y la supervivencia de nuestra civilización.

Pero *la* obra maestra del género –una verdadera joya, ¡un

triunfo!– es una vez más la "globalización". Ella cubre con su solo nombre, reduce a esa sola palabra, todas las realidades de nuestra época, y logra camuflar, volver indistinguible en el seno de esta amalgama, la hegemonía de un sistema político, el ultraliberalismo, que sin ejercer oficialmente el poder domina el conjunto de aquello que los poderes tienen para gobernar, ejerciendo así la omnipotencia planetaria.

A partir de esta opción política, la de una ideología ultraliberal, se administra la globalización. ¿Acaso es una razón para confundir a esta última con la ideología que la rige pero que no la constituye? Ahora bien, nosotros creamos esta confusión y le conferimos al ultraliberalismo el carácter irreversible, ineluctable de los avances tecnológicos que definen a la globalización, no al liberalismo. Sobre todo, olvidamos que la globalización no requiere una administración ultraliberal, y que esta última sólo representa un método (por lo demás, calamitoso) entre otros posibles. En síntesis, la globalización no es inseparable del ultraliberalismo... ¡y viceversa! No obstante, cuando hablamos de aquélla en realidad nos referimos inconscientemente a éste y le transferimos la idea de fatalidad que es propia de la primera. El ultraliberalismo no tiene nada de fatal: no es inevitable.

Lo que tenemos, y que vemos como resultado de una globalización omnipresente al punto de abarcarlo todo, es producto de una política deliberada, ejercida a escala mundial, pero que a pesar de su poder no es ineluctable ni predestinada sino, por el contrario, coyuntural, perfectamente analizable y discutible. Esa política rige la globalización y le impone sus dictados. Se trata de la elección de cierto tipo de gestión estrechamente vinculado a esta política. Pero existen mil métodos de gestión posibles y sin duda preferibles. Repitámoslo: el tipo de gestión imperante no es una fatalidad.

No es la "globalización" –término vago– la que cae como un peso inamovible sobre la política y la paraliza. Una política precisa, el ultraliberalismo, al servicio de una ideología, sujeta la globalización y somete a la economía. Se trata de una política que no dice su nombre, no trata de convencer, no pide adhesiones ni aspira, como hemos dicho, a ejercer oficialmente el poder y se cuida de enunciar sus principios, tanto más por cuanto su único objetivo difícilmente despertaría el entusiasmo de las multitudes: obtener para la economía privada unas megaganancias fenomenales de manera cada vez más rápida, al costo que sea.

Esta política no aparente, *corporativista,* busca consolidar y banalizar las licencias absurdas y la anarquía de un mundo de los negocios y una economía de mercado sumidos en una forma económica puramente especulativa; fomentar y legitimar las desregulaciones, el desarraigo y la fuga de capitales, jugar con la sacralización de unas monedas y el sabotaje de otras, las vueltas de los flujos financieros, las dinámicas mafiosas. Así se crea el marco, o mejor, el *impasse* donde no parece haber otra alternativa que "adaptarse" a las condiciones favorables a las ganancias y perjudiciales para la gran mayoría. En este *impasse,* las políticas públicas, expresadas por las instituciones oficiales, tendrán el mandato de organizar esta "adaptación" y no salirse de ella.

Así se advierte cómo la globalización sirve de pantalla para el alucinante desarrollo de una dominación política; más aún, cómo el ultraliberalismo, la ideología dominante, base de un sistema oligárquico, se engalana con el ropaje de la globalización.

¡En esto radica el engaño! Porque si la realidad de la globalización, fenómeno histórico, es irreversible por ser producto de un pasado inmodificable, sus potencialidades no están cristalizadas en una constatación de ese pasado; su futuro es perfectamente modificable y depende de diversas dinámicas, diversos proyectos capaces de movilizarlo, de la gama de políticas variadas capaces de regirlo. El ultraliberalismo, que no es sino uno de los rectores posibles, no es idéntico al fenómeno cuyas características trata de usurpar para hacerse pasar por irreversible e ineluctable con el fin de detener la historia (o hacer creer que está detenida) en la época actual, la de su predominio y omnipotencia. Normalmente, éste sería apenas un periodo, un episodio de la historia que, al igual que sus predecesores y los que vendrán, tendrá una duración más o menos larga. En verdad, lejos de ser sinónimo del fenómeno histórico, el liberalismo se inscribe en él como un elemento condenado, como los demás, a la probabilidad de ser transitorio.

Sin embargo, ha logrado hacer pasar un sistema ideológico preciso y sus prácticas intencionales por fenómenos naturales, tan irreversibles e inflexibles como el *Big Bang*, tan imposibles de contrarrestar como las mareas, la alternancia del día y la noche o el hecho de que somos mortales. Ya no se trata de aceptar o rechazar el ultraliberalismo que, deseable o deplorable, bajo la máscara de la globalización, se presenta como un hecho consumado hacia el cual tendía la historia desde sus comienzos. ¿Rebelarse? ¡Sería tan equivocado como grotesco! ¿Quién osaría rechazar la tecnología de punta, las transacciones en tiempo real y tantos otros avances prodigiosos que se le atribuyen equivocadamente? ¿Quién es tan ciego como para negar que éstos son los elementos constitutivos de nuestra historia?

Ahora bien, estos avances de la tecnología de punta son inseparables de la globalización, pero no de la ideología que pretende confundirse con ella. Han permitido el triunfo del ultraliberalismo, pero no son lo mismo que éste. Al contrario, el ultraliberalismo depende de ellos, los utiliza y manipula; ellos no dependen ni provienen del ultraliberalismo y podrían disociarse de él sin sufrir la menor alteración. Así podrían quedar a disposición para nuevos usos en lugar de ser confiscados; podrían ser beneficiosos para la gran mayoría en lugar de funestos.

Por consiguiente, ultraliberalismo y globalización no son sinónimos.

Cuando creemos hablar de globalización (definición pasiva y neutra del estado del mundo actual), casi siempre se trata del liberalismo, ideología activa y agresiva. Esta confusión permanente permite hacer creer que el rechazo del sistema político, sus operaciones y sus consecuencias, es el rechazo de la globalización y la amalgama sobre la cual descansa, incluidos los progresos de la tecnología. Los exégetas del liberalismo se complacen en refutar a sus opositores con un encogimiento de hombros y una expresión burlona, hacerlos pasar por tristes agitadores, consagrados al absurdo, hundidos en el arcaísmo, que se obstinan en negar la historia y rechazar el progreso.

Impostura fundamental, estratagema de este léxico tendencioso, cada vez más difundido y en el que aparece la palabra "globalización": se confunden los prodigios de las nuevas tecnologías, su irreversibilidad, con el régimen político que los utiliza. Como si fuera lógico que el inmenso potencial de libertad y de dinamismo social ofrecido a la humanidad por las investigaciones, las invenciones y los descubrimientos de punta se haya transformado en un desastre y en el confinamiento de la gran mayoría de los hombres en las cuevas provocadas por ese desastre.

Por otra parte, se confunde la perennidad de la historia con aquello que no es sino una peripecia. La historia es permanentemente un vehículo de movimiento; esta movilidad perpetua la define; no puede quedar fija para siempre en uno de sus episodios. Jamás lo olvidemos: no vivimos el "fin" de la historia. A pesar de que una de las estrategias contemporáneas es la de convencernos de lo contrario, vivimos una de sus mayores efervescencias, que ya no acompaña las crisis de la sociedad sino la mutación de una civilización basada hasta ahora en el empleo, una civilización que está en contradicción con la economía especulativa dominante. Esto implica desempleo y remedos de empleo, salarios congelados y en baja, y sobre todo aquellos, innumerables, que no son sino pseudosalarios insuficientes para vivir. Las estadísticas se modifican con saña, pero no se modifica la vida social, que está cada vez más deteriorada y que reparte cada vez menos.

En lugar de reconocer la muerte de una sociedad para asentar sobre nuevas bases aquella en la cual se vive, todos, sean víctimas o beneficiarios, tienden a desconocerla. Con ello se le facilita a la propaganda la tarea de imponer la convicción de orden religioso según la cual estaríamos paralizados, atrapados sin remedio ni salida, detenidos para siempre en los huecos de un globo sin fallas, como si todo estuviera consumado, *como si todo intento de resistencia estuviera condenado a terminar en fanfarronadas locales, quijotescas, bravuconas y sobre todo inútiles.* Como si sólo nos restara debatirnos en vano, prisioneros en estructuras imperecederas, con esa impresión de que ya es "demasiado tarde" que se nos sugiere permanentemente. Como si todas las salidas estuvieran bloqueadas o directamente clausuradas.

Es una propaganda eficaz, porque si no somos conscientes del yugo bajo el cual se coloca al planeta, al no pensar con lucidez es posible que fantaseemos sobre él, sin analizarlo, y cedamos a una sensación de impotencia que nos parece demasiado pesada, ineluctable y perpetua.

Sin duda, vivimos la hora del triunfo ultraliberal, tanto más porque sus propias derrotas son incapaces de quebrantarlo y porque los desastres provocados por sus defectos parecen alimentar su soberbia y confirmar los éxitos de sus objetivos.

Sin duda. Pero semejante victoria jamás es definitiva ni menos aún está asegurada. ¡Cuántos imperios y regímenes aparentemente consolidados, que se creían inquebrantables, acabaron por derrumbarse! Es verdad que aparecían con su verdadero rostro: el de regímenes políticos a los que se podía enfrentar. La fuerza del régimen actual, de envergadura mundial, se debe a que se ejerce de manera anónima, *imperceptible,* y por ello es intocable y coercitivo. Para liberarnos de él, lo primero es hacerlo *aparecer.*

En esta época de política única, globalizada, ¿sabemos bajo cuál régimen vivimos? ¿Advertimos que se trata de un régimen político y cuál es su política? ¿Nos preguntamos qué función puede tener la pluralidad de formaciones diversas, indispensables para la democracia, ahora que reina de manera cada vez más abierta la afirmación, que sería blasfemo rechazar, de que la economía de mercado representa el único modelo posible de sociedad?

"No hay alternativa a la economía de mercado": un dictado no sólo débil sino carente de fundamento, ¡porque la economía de mercado encubre una economía puramente especulativa que la suplanta y la destruye como destruye todo lo demás! *Pretender que existe un solo modelo de sociedad, sin alternativa, no sólo es absurdo sino directamente estalinista.* Y esto es así, cualquiera que fuese el modelo propuesto. Es un discurso dictatorial que, sin embargo, define el espacio en el cual nos encontramos confinados. Un espacio que en apariencia no depende de ningún régimen, de ninguno que hubiera podido resistir a la llamada soberanía "económica" en la cual todo concurre para convencernos de que ella reina sola y nos aplasta, de que la economía ha triunfado sobre la política.

Lo cual es falso.

La economía no ha triunfado sobre la política. Lo contrario es verdad.

La globalización parece estar generalizada y asociada con la economía y no con la política, pero en realidad no se trata de la economía sino del mundo de los negocios, el *business,* que hoy está entregado a la especulación.

Y a su vez es una cierta política, la del ultraliberalismo, la que intenta –por ahora con éxito– liberarse de toda preocupación económica, desviar el sentido mismo del término "economía", antes vinculado a la vida de la gente y ahora reducido a la mera carrera por las ganancias.

No asistimos a la primacía de lo económico sobre lo político sino, por el contrario, a la relegación del concepto mismo de economía, que cierta política trata de sustituir por los dictados de una ideología: el ultraliberalismo.

La desaparición aparente de lo político se debe a una voluntad política exacerbada que reclama, en realidad, una exasperación de esta actividad. Esta voluntad y actividad políticas están al servicio de la todopoderosa economía privada, la cual, bajo el rótulo casto y reconfortante de "economía de mercado", sirve de pantalla a una economía dominante, cada vez más especulativa, revuelta en procedimientos de casino, indiferente a los activos reales.

*La única función de esta economía virtual es allanarle el terreno a la especulación, a sus ganancias provenientes de "productos derivados", inmateriales, donde se negocia aquello que no existe.* Es, por ejemplo, la compra de riesgos virtuales derivados de un contrato en estado de proyecto, luego de los riesgos sobre esos riesgos, los cuales incluyen a su vez mil y un riesgos virtuales que son objeto de otras tantas especulaciones virtuales: apuestas y apuestas sobre las apuestas, convertidas en los objetos "reales" de los mercados.

La economía actual, llamada "de mercado", conduce precisamente a estos juegos incontrolables: a especular con la especulación, con los "productos derivados" de otros productos derivados, con los flujos financieros, con las variaciones futuras de las tasas de cambio, con distribuciones manipuladas y nuevamente con productos derivados artificiales. Una economía anárquica, mafiosa, que se extiende e introduce en todas partes mediante un pretexto: el de la "competitividad". Una pseudoeconomía basada en productos sin realidad, inventados por ella en función del juego especulativo, separado a su vez de todo bien real, de toda producción tangible. Una economía histérica, inoperante, asentada en el viento, alejada años luz de la sociedad y, por ello, de la economía real, porque ésta no existe sino en función de la sociedad y sólo encuentra sentido en su vinculación a la vida de los pueblos.

Un ejemplo del ostracismo de la economía verdadera y la ineficacia arrogante es el triunfal "milagro asiático", tan festejado, exhibido como prueba indiscutible de los fundamentos ultraliberales. Y su derrota. La conversión brutal del "milagro" en un fiasco preocupante.

Una situación que se ha vuelto clásica: en función de las ganancias, se pretende exportar un sistema económico sin tener en cuenta las poblaciones de ambos lados. De ahí la implantación brutal, colonialista, en regiones incompatibles, de mercados ávidos de mano de obra con salarios de hambre, sin garantías laborales ni leyes de protección social, que son consideradas "arcaicas". Estos mercados están ávidos de la "libertad" pregonada por los exégetas del liberalismo; una "libertad" que permite suprimir la de los demás al otorgar a unos pocos todos los derechos sobre la gran mayoría. Una "libertad" que permite en ciertas regiones del globo aquello que prohíben en otros los progresos sociales tachados de "arcaicos".

Como resultado, se obtienen ganancias alucinantes en tiempo récord y, en el mismo lapso, la derrota absoluta, el derrumbe lamentable de la apoteosis asiática, modelo ejemplar del sueño liberal. Quedan de ello las gigantescas megalópolis, soberbias y desiertas, incongruentes en esos lugares, y la miseria agravada de los pueblos. Mientras los campeones de esta epopeya, incapaces de controlar o siquiera comprender el desastre, indiferentes a los pueblos sacrificados, sólo se interesan por remendar unos mercados financieros cuyos caprichos resisten cualquier intento de manejarlos. Y de huir o adquirir por monedas los restos de esos países en liquidación.

*Una vez más, el ultraliberalismo pretendió hacer economía y sólo hizo negocios. Pretendió hacer negocios y sólo hizo especulación.*

Se conocen las consecuencias, que por otra parte eran previsibles.

Pero no nos limitamos a confundir la economía con las operaciones de *business,* éste con la especulación o incluso la globalización con su administración ultraliberal: confundimos el ejercicio engañoso de la economía con el de la política. Sobre todo, confundimos las instituciones políticas con el poder económico. No advertimos que si este poder neutraliza aquellas instituciones, eso no significa que éstas han desaparecido sino que aquél las ha anexado y gobierna en su lugar. Sin preocuparse por la economía real sino por la locura de los flujos financieros.

¿Qué es la economía? ¿Es la organización y el reparto de la producción en función de los pueblos y su bienestar? ¿O bien es la utilización o marginación de éstas en función de las fluctuaciones financieras anárquicas, en su detrimento y en beneficio exclusivo de las ganancias? ¿Estamos en una economía verdadera o, por el contrario, en su negación?

A partir de estas confusiones y engaños se despliega, de manera inadvertida, una política destructora de las demás, que después de anularlas y sustituirlas puede pretender que no queda ninguna política, ni siquiera la que ella misma encarna y que reina, única y disimulada, sin temer oposición alguna.

Semejante neutralización de la política proviene, evidentemente, de una resolución extrema que sólo mediante una acción y propaganda exacerbadas puede lograr su objetivo, el de un régimen político único, vale decir totalitario, que reina sobre un vacío. Así, la acción política en todas sus formas queda sujeta a hechos real o pretendidamente consumados, que se convierten en el punto de partida tácito, considerado evidente, de toda medida, de todo compromiso o iniciativa, en fin, de todo el engranaje.

Es un régimen autoritario capaz de imponer las coerciones reclamadas y otorgadas por su poder financiero sin poner de manifiesto el menor aparato, el menor elemento que deje traslucir la existencia del sistema despótico instaurado para implantar su ideología imperiosa. Esta política se pretende "realista" a la vez que impone una indiferencia asombrosa respecto de la realidad.

Es una política única, dispuesta al divorcio de la democracia, pero por ahora lo suficientemente poderosa para no interesarse por ello. "Una política", digamos mejor un nuevo régimen, oculto detrás de hechos económicos supuestamente ineluctables, tanto menos advertido por la sociedad por cuanto ésta respira y circula en una puesta en escena y una estructura democráticas. Lo cual no carece de importancia; lejos de ello, debemos conservarlas a toda costa *mientras aún haya tiempo para liberarnos de este régimen, de esta extraña dictadura que cree poder darse el lujo, mientras sea poderosa, de mantener el marco democrático.*

*¿Lo más urgente?* Sacudirse la carcaza de la propaganda. Apartar con paciencia las preguntas falsas que disimulan los verdaderos problemas. Negarse a manosear, bajo el control de aquellos que los explotan los datos superados que ellos ponen de relieve para hacernos aplicar las reglas de juego que rechazamos; no caer, con el pretexto de buscar soluciones rápidas y a toda costa, en la trampa de elegir aquellas previstas y dictadas por el adversario.

Por lo tanto, lo importante es no dejarse fascinar por esas cuestiones planteadas y machacadas sin cesar, que ocultan la realidad y sobre todo el hecho de que considerarlas válidas, y las únicas válidas, es parte del problema.

La consecuencia de ignorar los problemas reales y los datos verdaderos es que se les padece tal como disponen aquellos que los crearon y aseguran así su perpetuidad. Ahora bien, debatimos interminablemente en torno de estas versiones adulteradas, redundantes, presentadas por los que están interesados en censurar los orígenes de la situación y que las remplazan por sus propias conclusiones presentadas con la forma de postulados. De manera que los problemas –que han sido escamoteados– sean abordados siempre a la luz de esos postulados. Uno de ellos, sin duda esencial, decreta la prioridad de la ganancia; se supone que la supremacía de ésta va de suyo, hasta tal punto que, siempre preponderante, jamás se le mencionará. En todo momento y circunstancia se buscarán las condiciones que la favorecen; se considerará a éstas indispensables con respecto a las demás, y en especial a las causas degradadas por ella, como la del trabajo.

Todo problema originado de la ganancia será resuelto a partir del dogma de su necesidad y la afirmación de que el conjunto de la población depende de ella, obtiene beneficios de las ganancias ilimitadas de unos pocos y perecería sin ellas. ¡Cuánta propaganda insidiosa y persistente fue necesaria para inculcar estos reflejos condicionados! La ganancia jamás queda al descubierto; se le presenta como si cumpliera una función altruista, providencial (para con aquellos a los que arruina). Jamás se le discute ni cuestiona; se movilizan todos los argumentos para justificarla.

Vivimos maniatados en el seno de esa realidad oculta por una política ligada por completo a esa realidad preponderante, tácitamente aceptada, a esas lógicas irrebatibles por cuanto derivan de ella y no necesitan ser demostradas. Esquivado así el origen de los problemas, no advertimos que sus consecuencias, precisamente aquellas que cuestionamos, se convierten en nuestros únicos puntos de referencia, en esos célebres "hechos consumados" de los cuales, en rigor de verdad, sólo podemos criticar su funcionamiento. Aquellos que deploran las consecuencias están obligados a considerarlas lamentables pero inevitables porque provienen de esa realidad tácita que se da por establecida, inviolable. Sagrada. Premisas indiscutibles.

Las preguntas formuladas al comienzo son desplazadas por aquellas que dicta la política que se pretendía cuestionar; en lo sucesivo se limitarán a la esfera en cuyo interior no existe otra solución que la de prolongar (y frecuentemente acentuar) aquello que ha provocado esos problemas, que de otro modo no se hubieran suscitado y a los cuales habrá que adaptarse pasivamente.

*Adaptarse es la consigna.* Adaptarse una vez más y siempre. Adaptarse al hecho consumado, a las fatalidades económicas, a las consecuencias de esas fatalidades, como si la coyuntura en sí fuera fatídica, historia concluida, época condenada a prolongarse para siempre. *Adaptarse a la economía de mercado,* es decir, especulativa. *A los efectos del desempleo* y su explotación desvergonzada. *A la globalización,* es decir, a la política ultraliberal que la rige. *A la competitividad,* es decir, al sacrificio de todos en aras de la victoria de un explotador sobre otro, participantes ambos del mismo juego. *A la lucha contra el déficit de las cuentas públicas,* es decir, la destrucción progresiva de infraestructuras esenciales y la supresión programada de las protecciones y conquistas sociales. *Adaptarse a las desregula-*

*ciones económicas* que sustentan una revolución reaccionaria y agresiva, que se pueden calificar incluso de insurreccionales, pero que se han instalado con toda tranquilidad, oficialmente, aceptadas e incluso alentadas, aunque anulan cualquier ley que se erige en barrera de la voluntad especulativa, aunque violan impunemente las leyes que garantizan poner cierto freno a la injusticia y sin las cuales triunfa la tiranía. *Adaptarse al cinismo de las conductas mafiosas autorizadas,* convertidas más que en familiares en tradicionales. *Adaptarse al traslado de empresas y a la fuga de capitales,* los paraísos fiscales, las desregulaciones anárquicas, las fusiones enormes, las especulaciones criminales, aceptadas como si tal cosa, como producto de leyes naturales contra las cuales es inútil rebelarse. Adaptarse, va de suyo, a la soberbia de la incompetencia, a su soberanía de derecho divino. Adaptarse... se necesitarían muchas páginas para completar la lista.

Adaptarse en realidad a este clima de coerción solapada en el que no se puede luchar sino a partir de renunciar al objeto mismo de la lucha, a lo que constituía su origen y que por arte de magia es reconocido como objetivo general, el postulado mayor inscrito en el trasfondo, tácito pero implícitamente deseable y legítimo, en todo caso considerado insoslayable. En lo sucesivo, sólo resta aceptar las respuestas machacadas por aquellos que se niegan a aceptar las preguntas.

La ganancia es el nervio y el corazón del acta de acusación del sistema actual; se le evita permanentemente, se suprime toda alusión a ella hasta el punto de que el disimulo mismo pasa inadvertido. Su proceso es esencial, pero nadie lo aborda ni visualiza. Se podría decir que no sólo se le oculta sino que se le relega inconscientemente al escotoma.[1] Tal como "La carta robada" de Edgar Allan Poe, está demasiado en evidencia como para que se le descubra, y por ello es tanto más capaz de actuar, ser el meollo oculto, inconscientemente aceptado y cínicamente lícito de la situación.

Es el principio mismo a partir y en torno del cual —y en cuyo beneficio— opera el sistema imperante, sin que jamás aparezca

[1] Escotoma: zona circunscrita de pérdida de visión *(Diccionario de la Real Academia Española de la Lengua).*

a la vista ni, *a fortiori,* sea puesto en tela de juicio. Por consiguiente, ya no se trata de enfrentar la situación histórica en curso, de la cual es la fuerza motriz y dominante, el núcleo invisible y sagrado, sino de "arreglárselas con" los métodos que explotan esta situación en su propio beneficio: en beneficio de la ganancia. Sólo resta acomodarse al régimen planetario permanente armado en torno de esa ganancia reconocida oficiosamente como lícita, prioritaria, dueña de todos los derechos y además directora de la escena mundial.

Sin embargo, salvo para unos pocos es difícil imaginar la ganancia, ese factor tan pobre, tan lamentable –según se le presenta–, convertida en el motor de la existencia con exclusión de todo lo demás. La reflexión indicaría que es demasiado despreciable, pueril, para ser cierto. Sin embargo, nada podría ser más real. Este efecto de droga, de insaciabilidad, de rivalidades personales a niveles anecdóticos, de carrera para obtener posesiones cada vez más virtuales, esta voracidad maniática, ávida de lo superfluo, son los que destruyen el sentido de multitudes de vidas y generan ese sufrimiento inenarrable que consume, altera, destruye una masa de destinos, cada uno de ellos vivido por una persona singular, una conciencia única, en carne viva, una y otra vez.

Lo que reina, entonces, es una idea fija, surgida de una pulsión atávica centrada en la posesión, en la acumulación de bienes; pulsión hoy desfasada, porque ya no está vinculada, como antes, a posesiones tangibles, operaciones sustentadas sobre activos reales o siquiera simbólicos, sino a las fluctuaciones virtuales de la especulación, de estas apuestas alucinantes.

En nuestra época, la riqueza ya no consiste en la posesión de bienes palpables como el oro o siquiera el dinero:[2] se ha desviado, se ha vuelto móvil e inmaterial, y se agita, abstracta y furtiva, en los intersticios de las transacciones especulativas,

[2] La moneda misma, palpable y aparente, tiende a desaparecer. El tamaño de las tarjetas de crédito es el mismo, cualquiera que sea el monto de dinero que transita por ellas. No aparecen la cantidad ni el peso. ¿Qué ha pasado con el cofre de monedas del avaro Harpagón? Hoy no saldría de su ordenador. ¿Disfrutaría de él como antes? ¡Tal vez más que nunca! Pero su regocijo sería de otra naturaleza. Aunque sus nuevas manías de orden especulativo no serían más productivas que el oro que antaño llenaba su cofre.

en su misma volatilidad. Proviene de los flujos especulativos más que de los objetos de la especulación. Esta avidez, que tiende al frenesí virtual, es la que genera la aniquilación institucional de todos y de todo por algunos, y que se pretende universal, autónoma, fuera de todo control a la vez que se revela incapaz incluso de dominarse a sí misma.

Esta obsesión insensible, que da lugar a operaciones delirantes, quiere conducir el destino del planeta y amenaza ese destino. Un deseo bruto, primario, irracional de jugar no tanto con las posesiones como con el instinto de posesión, en detrimento de todo aquello que se le opone o amenaza con atenuarlo.

La dictadura de la ganancia, que conduce a otras formas dictatoriales, se instala con una facilidad desconcertante. ¡Sus medios son extremadamente sencillos! El más indispensable, la clandestinidad, le es acordado de antemano: aunque la ganancia es la clave de todo y es omnipresente, oficialmente está ausente. Sin duda se le considera conquistada de una vez y para siempre, debidamente inscrita y tan banal que cualquier alusión a ella sería superflua, sobre todo sería considerada infantil, arcaica, sórdidamente grosera, de un marxismo antediluviano.

El derecho a la ganancia, siempre colocado en un segundo plano, está sobreentendido, pero en el sentido de algo aceptado definitivamente, absoluto, irrefutable, una emanación del derecho divino. Investida del papel —el único que acepta— de fuente indispensable de abundancia y empleos, la ganancia aparentemente no responde sino a las exigencias del deber, o mejor, está consagrada a sacrificios modestos y discretos. Anónimos, púdicos, los que obtienen ganancias con tanta abnegación no quieren ser nombrados. Los rodea la mayor discreción. En cambio, los *que aparecen como los verdaderos aprovechados, merecedores del escarnio general, acaparadores tan notorios como desvergonzados, son los empleados públicos con sus privilegios escandalosos, así como los desocupados, esos holgazanes, chupasangres de la nación, vergüenza de las estadísticas, que desprecian al ciudadano trabajador y viven a costa del Estado, serenos en la seguridad de sus subsidios.* Aparte de los inmigrantes que nos despojan de lo nuestro, no se menciona a otros beneficiarios de la ganancia, la cual, por otra parte, ya no responde al nombre de "lucro", ni menos aún al de "utilidades", sino al de "creación".

He aquí los famosos "creadores de riquezas", que presuntamente ofrecen todos sus tesoros a la humanidad en su conjunto. ¡Con cuánta satisfacción, gratitud y admiración se evocan esas maravillas de los "creadores", esos dirigentes de la economía privada convertidos súbitamente en magos! Hacen pensar en la varita mágica del hada, en la cueva de Alí Babá. Ahora bien, ¿de qué riquezas se habla? ¿Del enriquecimiento del género humano? ¿De progresos científicos o sociales? ¿De objetos esenciales, preciosos o de gran utilidad? No, sólo de utilidades derivadas de una producción considerada rentable. Nada más. "Riquezas" reales, pero que sólo benefician a los "empresarios" y a sus accionistas. Sería más apropiado hablar de "creadores de utilidades".

En todo caso, ¿se traducirán esas utilidades en puestos de trabajo? ¿Se distribuirán esas "riquezas"? Es lo que se anuncia de manera incesante y espectacular. Pero esa vocación ha quedado superada: las empresas más beneficiadas despiden a troche y moche; sus autoridades sienten un ansia constante, una preferencia irresistible por disminuir el costo de la mano de obra. ¿Para qué invertir en puestos de trabajo si el despido es más rentable? Como hemos visto, la Bolsa ama esa actitud. Y su amor es ley.

Por consiguiente, lo que triunfa y domina es la especulación, disimulada pero alimentada por los mercados. Hemos visto que a partir de estas "riquezas", aunque existan apenas como proyecto o hipótesis, se multiplican mil y una especulaciones delirantes, indiferentes a toda producción que no sea la de las circulaciones espectrales, enloquecidas, disociadas de la sociedad y de toda "riqueza" que no sea la neofinanciera. "Riquezas" tan virtuales cuan volátiles, especulaciones, o mejor, apuestas demenciales que distorsionan aquello que se sigue llamando economía, a la que siempre se añadirá el rótulo de "de mercado": en los hechos, una pseudoeconomía situada a años luz de la esfera de las riquezas tangibles o mentales con las que sueñan con justa razón los pueblos, ya que éstas sí las necesitan.

Así como estas "riquezas" van descartando el trabajo humano, provienen en medida decreciente de activos reales y reducen sus inversiones en ellos, tampoco se espera de sus "creadores", los rectores de la economía privada o sus especuladores (suelen ser los mismos) que hagan surgir tesoros para el bien de todos, generadores de empleos, y cual ríos que fluyen hacia el mar, vayan a nutrir a las empresas. Los funcionarios de toda laya y todas las naciones exaltan a estos bienhechores como "fuerzas vivas de la nación", los únicos que hacen gala de "dinamismo", "audacia" e "imaginación" en el seno de poblaciones supuestamente plácidas y satisfechas, seguras en sus viviendas subsidiadas, el cobro de sus asignaciones por desempleo, sus salarios rebajados, en tanto sólo las intrépidas "fuerzas vivas" se "atreven" a "correr riesgos".

¿Cuáles riesgos?, preguntarían ciertos espíritus malignos. ¿El de obtener ganancias aún más colosales? ¿O bien –¡temblemos!– un poco menos colosales? ¡Eso equivaldría a olvidar los riesgos que han asumido esas perlas de la nación al retirar sus empresas precisamente de la nación o enviar lejos de ella sus capitales!

Equivaldría a olvidar también el riesgo de estropear el destino de tantas criaturas terrestres, sabotear las únicas vidas que les es dado vivir, sumirlas en la angustia y la humillación, riesgo que lleva incluso a arrojarlas a la calle, ponerlas en peligro, hacerlas caer en ese peligro. Aún más, el riesgo que corren, en su entusiasmo creador, de generalizar la miseria, generar infiernos en la Tierra. Pero éstos son otros tantos desafíos ante los cuales jamás retroceden nuestros generosos cruzados de la creatividad. Nos aseguran...

¡Alabados sean los caballeros de la competitividad, campeones de la autorregulación y la desregulación, cuya eficiencia bendecimos todos los días de nuestra vida! A sus "fuerzas vivas", la nación agradecida...

¿Ganancia? ¿Habéis dicho ganancia?

Así, no es necesario instituir la clandestinidad de la ganancia, su autoridad y legitimidad: se les ha convenido, dispuesto y acallado de antemano. La ganancia está subyacente en todo, pero jamás de manera expresa; ignorada en todas partes, está infiltrada en todo, actúa en el corazón de todas las cosas y se le acepta sin que jamás se hubiera formulado ni requerido una conformidad consciente. Domina como un principio sagrado, reina sin ser invocada, en tanto razón de ser de la ideología que subyace tras el régimen y sus obsesiones.

¿Un ejemplo de éstas? La competitividad. Es una de esas afirmaciones que se blanden como argumentos definitivos, en tono perentorio, con la certeza de contar con la aceptación general, como una conclusión verificada para siempre jamás; por añadidura, con cierta ligereza, como al pasar, de tan arraigadas que están su existencia, influencia y consecuencias.

"La competitividad obliga...", "La competitividad no permite..." ¡Cuántas oleadas de despidos, traslados de empresas, reducciones o congelamientos de salarios, eliminaciones de puestos de trabajo, derogaciones de beneficios laborales, cuántas decisiones desastrosas y perversas se ha intentado justificar con estos argumentos! ¡Y cuántos lamentos, cuánto pesar, se expresan por adoptar esas medidas devastadoras que exige, desgraciadamente, la competitividad!

Ahora bien, ¿qué representa ella? Nadie lo pregunta. ¿Quiénes son los competidores? ¿Cuáles son las luchas, las rivalidades? ¿Qué es lo que está en juego? ¿En qué consiste su poder o necesidad para que se le atribuya semejante autoridad, para que se le considere fatal, ineluctable, un factor clave de la economía de mercado, la cual se presenta a su vez como prueba indispensable de la democracia? ¿Qué cualidad posee para que su función, que se da de antemano por preponderante, jamás sea explicitada ni analizada y su sola mención sirva para impedir o cerrar toda discusión, todo cuestionamiento? ¿Por qué se ha de concebir, organizar o reformar todo en función de ella sin que jamas se le pueda cuestionar? ¿Por qué nos dejamos arrastrar por la ola –y nos parece normal hacerlo– de reconocer maquinalmente a la competitividad como un fin en sí mismo, una entidad frente a la cual no cabe otra reacción que someterse? A fin de cuentas, para que esta certeza sea presentada –o mejor, impuesta– como evidente e indiscutible es imperioso aceptar que se nos sacrifique en aras de ella. Pero una vez más, ¿por qué y para qué? ¿Con qué fin?

Aparentemente se trata de un duelo de titanes, un torbellino colosal de empresas y países que se enfrentan, pero ¿qué es lo que está en juego? ¿Intereses o sentimientos patrióticos? No: la mayoría de las empresas participan de sociedades transnacionales, a veces de grupos de compatriotas afiliados cada uno a una multinacional distinta, rivales entre sí. Un mismo grupo puede comprender empresas rivales. Por otra parte, jamás se explica ni comenta la naturaleza de la rivalidad entre los competidores: en cada ocasión, sólo se pone de manifiesto una empresa, aquella que debe tomar medidas contrarias al interés general, pero indispensables para la competitividad. Cuando se trata de recomendar y promover medidas políticas de alcance general so pretexto de la competitividad, no se habla de empresa alguna ni se brinda la menor información sobre lo que está en juego: basta la autoridad del término. Las empresas en cuestión desaparecen en la nebulosa impenetrable de una competitividad vaga en la cual la imprecisión le disputa la palma a la opacidad.

¿Se trataría entonces de mejorar, estimular la condición humana, en particular por medio del trabajo? De ninguna manera. Generalmente es en nombre de la competitividad que se eliminan los puestos de trabajo; se le utiliza como pretexto para suprimir con la mayor saña las conquistas sociales, deteriorar las condiciones de trabajo, cerrar empresas, multiplicar y aplicar con toda intensidad las medidas más nefastas.

¿Se trata entonces de terminar con esta competitividad agotadora, que no representa sino una etapa, una crisis a superar? ¿Habrá que sacrificarse a ella para apaciguarla y extenuarla? ¿Conviene ayudar sistemáticamente a una de las empresas competidoras a que triunfe y así resolver y poner fin de una buena vez a esas rivalidades vanas? ¿Conviene que todas se fusionen en una sola? En efecto, ésta es la pregunta fundamental: ¿cómo decidir quién es el "malo" entre los competidores si no se es uno de ellos? ¿Y habrá que decidir a continuación quién es el "bueno"? ¿Cómo decidir a quién se defiende, en qué campo uno se enrola? ¿A cuál estamos convocados, o cuál nos atrae más? ¿Qué bando nos conviene adoptar, ahora que la competencia cumple un papel tan fundamental en nuestros destinos y considerando que jamás se ha producido entre nosotros?

¿Alguna vez se plantean estos interrogantes? ¿De qué información disponemos para responder a ellos? ¿Alguna vez se mencionan los nombres de los competidores, se comparan sus respectivas características? ¿Se aclaran sus diferencias? En síntesis, ¿se nos brindan elementos que nos permitan elegir con fundamento entre las diversas opciones?

No. Porque no se trata de competitividad sino de la competitividad, una conmoción en sí misma y concentrada sobre sí. Los competidores son anónimos, los bandos intercambiables. Sus afanes parecen unirlos; conforman una casta. Los resultados de sus luchas sólo influyen sobre sus propios intereses, sus circuitos cerrados. Si existen campos, la población en su conjunto no forma parte de ellos, es extraña a todos, como lo es a esta competitividad que sufre y cuyos objetivos le son, en verdad, hostiles. La competitividad, si existe, se desarrolla entre íntimos, entre potencias privadas, en una palabra, *entre sí,* en bien de los intereses comunes de los competidores. No tiene relaciones con el público ni tendría consecuencias para éste si los protagonistas de estas lidias no se aprovecharan de él.

Se responderá que estas lidias afectan la economía general, de la cual dependen los empleos. Efectivamente, la pseudoeconomía está en juego, pero ella no es la gallina de los huevos de oro, fuente normal y prolífica de los empleos que dependen de su crecimiento. Como hemos visto, la filosofía de la ganancia la obliga a suprimir empleos a medida que se vuelve más próspera. Enfrentemos el hecho de que esos empleos no le son indispensables como le eran hasta hace poco, ni siquiera útiles o necesarios. Peor aún, sus postulantes constituyen una molestia. En cuanto a los puestos de trabajo que sobreviven, serán asignados como maná a los felices ganadores, como una limosna a los indigentes, como una esperanza que los obliga a aceptar lo inaceptable y los mantiene sometidos y explotables. Rogando que se les explote.

Empleos mal pagos, flexibilizados, parcelados en trabajos precarios, fugitivos. Santo Grial ofrecido sobre todo a los más dóciles, los habitantes de los países donde aún subsisten legalmente condiciones de vida medievales, incluso bárbaras, perpetuadas y consideradas razonables por los jefes de empresas que, en un alarde de caridad, dan trabajo a niños de países remotos. Cabecitas rubias o morenas (nada de exclusiones racistas, más bien inclusión), adorables (pero no onerosas), que pueden beneficiarse en regiones donde no tienen aceptación nuestros ridículos remilgos, esas reticencias caducas que prohíben el trabajo infantil; ¡esa preocupación arcaica no agobia a nuestras "fuerzas vivas", campeonas de la modernidad! Adalides de las costumbres medievales que se practicaban con cierta audacia aún en el siglo XIX, tachan de arcaicos a los que se atreven a condenar esas regresiones.

Porque, ¿de qué nos quejamos? ¿De falta de empleos? ¡Bromeáis! Doscientos cincuenta millones de niños trabajan, doblados bajo pesos enormes, enceguecidos por tejer tapices con hilos imperceptibles, deslizándose por los socavones de las minas, prostituidos, agotados, su vida atacada por la pobreza. Cómodamente indignados en nuestros sillones, contemplamos en las pantallas la vida horrorosa de los niños de nuestro tiempo, privados de infancia, resignados a que su vida de adultos sea una prolongación de esta injusticia irracional, ilegal... Por otra parte, un excelente espectáculo que retuerce las tripas antes de pasar a los deportes o las variedades.

Estos trabajos forzados *también* son producto de las decisiones de los jefes de las empresas privadas. ¡La "competitividad" obliga! ¿Tendrán una vez más la osadía de decir que es una necesidad? ¿Se atreverán a aludir a las exigencias de sus accionistas? ¡Pero sin duda hay que adaptarse! ¿Y qué hacemos nosotros, sino adaptarnos? ¿Usar, como consumidores, el trabajo de esos niños que no conocen otra infancia? ¿Cómo es que no advertimos, desde una perspectiva egoísta, que se trata de nuestro propio futuro y que *todos* los niños de las generaciones venideras están amenazados?

*La competitividad sirve de pretexto para los innumerables abusos cometidos en su nombre, así como para la degradación más cruel, aunque menos espectacular, de las condiciones generales de vida y de trabajo.* Con ese argumento, la explotación es lógica, indispensable, más aún, deseable, a los ojos de los mismos explotados. Su única finalidad es la ganancia: la ganancia a toda costa, cuya función sigue siendo desconocida, aunque la población en su conjunto debe apoyarla y darle derecho, amparada en la competitividad, a la prioridad absoluta, una prioridad que es preciso reconocer imperiosamente y sin el menor cuestionamiento.

Amparada en la competencia se alienta la búsqueda de la ganancia sin límites, que no admite el menor rechazo ni vacilación. Hay que resignarse a ella, acomodarse, reclamarla. Asistimos como espectadores a esas competencias en las que cada participante deberá sobrepasar a los demás antes de ser superado a su vez en la explotación del mayor número, con consecuencias dramáticas: tragedias sociales, regresión mundial, toda idea de civilización relegada, primero negada y luego en peligro de ser anulada.

Aquí se revela la impostura general: es evidente que no existen conflictos reales entre clanes rivales sino una alianza amigable. La competitividad se reduce a esas competencias propias de los clubes privados, entre sus propios miembros, sin consecuencias afuera de ellos. Por cierto que la fiebre de ganar abrasa a todos, pero el premio es íntimo, cada uno es solidario con los demás y todos miran en la misma dirección. Los competidores están unidos por el hecho de pertenecer al mismo club. Éste marcha tanto mejor por cuanto las competencias, cuyo resultado no influye en absoluto sobre el equilibrio o desequilibrio general, hacen a su buen funcionamiento.

La competitividad es un juego convenido entre los que pretenden imponerla. Cada uno asegura que se la imponen los demás, con los cuales se ha puesto de acuerdo incluso para competir. Lo esencial para ellos es obtener aquello que, dicen, se les ha impuesto. Se van turnando para tomar la iniciativa de decretar medidas antisociales, obligando a sus rivales a tomar otras que deberán superar a su vez; en verdad, nada podría ser más conveniente para los competidores que siguen el mismo camino, el de una política ultraliberal permanente, que es exclusivamente la de la ganancia en detrimento de aquellos seres sobre los cuales creen tener prioridad.

Son otros tantos avances ultraliberales a los cuales deben

asociarse las masas anónimas. Se les sugiere que la competitividad sería una fuerza exterior padecida por la economía privada, la cual se vería obligada, a pesar suyo, a hacer repercutir sobre el público esta fuerza antagónica a todos, pero irresistible, a la que todos, poderosos como miserables, deben "adaptarse" juntos, unidos.

De ahí la invitación a los plebeyos a que se asocien con los miembros del club, se conviertan en espectadores fascinados de sus juegos, intervengan en éstos como *hinchas,* se interesen por sus conflictos internos y, sobre todo, se unan a su causa, presentada como de interés general, pero que es la de la ganancia.

Vemos cómo funciona este método, que consiste en dar por seguro aquello que no se ha demostrado y guardar silencio sobre lo que es verdadero.

Lo esencial es disimular el papel de la ganancia, el de la política derivada de ella, hacer olvidar su existencia misma justamente cuando se vuelve más invasora, activa y omnipotente. Con ese fin, se imputan los azares del empleo –despidos, flexibilidad, bajos salarios, entre otros– a la competitividad, que sirve de parachoques, aunque en realidad no afecta en absoluto el trabajo en su conjunto. Cualquiera que sea la empresa que gane la competencia, esto no afectará el número de puestos de trabajo, salvo que se trate de una fusión o reventa. Lo que habrá es mucha propaganda sobre la competitividad para facilitar la aceptación de las políticas laborales desastrosas, que conducen a la decadencia de la sociedad.

Cierta propaganda concentra en estas rivalidades el antagonismo de quienes sufren, en verdad, el yugo de la ganancia; trata de convencerlos de que tomen partido, se desvíen de su blanco natural para asociarse con los intereses de uno u otro de sus adversarios y se unan a ellos incluso en sus luchas intestinas. Éste es uno de los puntos fuertes del método: enrolar furtivamente en las filas del sistema a los que él explota, a los que deberían concentrar sus fuerzas en oponérsele. Convencer a quienes se desea someter de que éste es su destino natural. Convertirlos en un público crédulo, o que parece serlo –lo mismo da–, de enfrentamientos comerciales librados a su costa por cómplices que fingen ser adversarios. Estos adversarios están unidos en la empresa de convencer a los explotados de que se plieguen a su programa y lo apoyen.

En realidad es una tarea pesada, muy pesada, someter a toda la población del planeta; no es fácil condicionarla, lograr que apoye aquello que es nefasto para ella y renuncie a las conquistas de un largo pasado de luchas, hacerla regresar e imponerle todo un cúmulo de coerciones, velando a la vez para que no se subleve. Hay que tener en cuenta a esta población bajo un régimen que aún se considera democrático. Y al mismo tiempo ocultar la pregunta que, al ser expresada, podría transformarse en: "¿cómo desembarazarse de él?"

*Anestesiar para mejor convencer,* cubrir con paciencia y persistencia el espacio mental, y por esa vía todo el espacio, con una ola de propaganda permanente, desenfrenada, son métodos propios de prácticas seculares, pero que jamás alcanzaron la envergadura y la generalización actuales.

Negarse a ser engañado y declararlo, revelar la impostura y rechazar la complicidad son tareas ingratas pero fundamentales, insuficientes pero *indispensables* para quien pretende liberarse de las artimañas ultraliberales; es inútil querer resolver algo antes de realizarlas. Ésta es también una prioridad.

¿De qué sirve tratar de resolver problemas creados para no ser solubles sino en el marco en el cual se desarrollan y por medio de aquello que los constituye? Enfrentar problemas presentados por los mismos que los originan y perpetúan con el fin de disimular los verdaderos es la mejor manera de someterse al sistema, hundirse en sus trampas, lanzarse en la dirección prevista por ellos, hacia donde ellos quieren, lo cual sólo servirá para prolongar y legitimar las dificultades verdaderas de las cuales queremos liberarnos y de las cuales quieren que seamos cómplices.

Por eso es vital advertir cómo nos encierran en la ideología ultraliberal que no admite sino una lógica, la de la ganancia privada, en un sistema creado por ella y en cuyo seno esa lógica es eficaz; de ahí la sensación de que no existe otra y de que lo mejor es olvidar toda vía por fuera del sistema en la cual ella rige.

Este sistema se basa en un dogma obsoleto según el cual el empleo depende de la ganancia, de la rentabilidad de las empresas y el crecimiento, ahora que la ganancia y la rentabilidad son incompatibles con el empleo y no se obtienen sino mediante su supresión. Tanto más por cuanto la ganancia así obtenida no se dirige a la inversión sino a la especulación, que la nutre y de la cual se nutre. No importa: todo se basa en esos axiomas perimidos, y cualquier proposición divergente o cuestionamiento tropieza con este círculo vicioso. Así se ha podido instaurar sin obstáculos y con el rótulo reconfortante de la "economía de mercado" la hegemonía de un poderío financiero desenfrenado que mantiene bajo su yugo, con una violencia imperceptible pero sin igual, el conjunto de los circuitos planetarios.

De este poder financiero que se desprende cada vez más de la "economía de mercado" para confundirse con los "valores" virtuales, volátiles de una especulación rayana en la demencia, dependemos todos. De él derivan hasta en sus menores detalles todas las políticas que se aplican hoy y que adhieren o consienten con mayor o menor entusiasmo o reticencia las lógicas ultraliberales que han promulgado o han permitido que se propaguen e implanten, y de cuyo imperio proclaman o deploran que no hay más alternativa.

Esto equivale a decir que vivimos en el seno de políticas distintas sólo en apariencia, ya que todas responden a una política mundial asentada en un principio único, subyacente, considerado incuestionable: el de la prioridad más o menos clandestina acordada a la ganancia privada, sagrada fuente de empleos. Se dice que este principio no admite discusión, y quien no reconoce la "economía de mercado" como modelo único de sociedad, como definición misma de la democracia, es una mezcla de autista retardatario con agitador peligroso.

¡Qué importa si lo que hoy se conoce como "economía de mercado" ya no corresponde a su definición!

¡Qué importa el totalitarismo de una ideología única que, disimulada detrás de la "globalización", no deja lugar para un contrapoder!

Es una situación extraña, inédita. Es verdad que vivimos en una democracia, maltratada pero presente: si desapareciera, la crueldad de la diferencia nos enseñaría a apreciarla en su forma actual, por salvaje y equívoca que sea. *Porque, sin destruir la atmósfera, las estructuras ni las libertades democráticas a las que se adapta, se ha instaurado una dictadura extraña que esas libertades no pueden perturbar,* hasta tal punto ha afianzado su poder, su dominio de todos los factores necesarios para el ejercicio de su soberanía, su prescindencia de los seres humanos, su separación de la sociedad. Hasta tal punto sus prioridades son ley.

Esta dictadura sin dictador se ha insinuado sin acometer a una nación en particular. Se ha impuesto una ideología de la ganancia sin otro objetivo que la omnipotencia del poder financiero ilimitado, que no aspira a tomar el poder sino a dominar a quienes lo ejercen, aboliendo su autonomía. Éstos aún toman decisiones, conservan la administración del Estado, pero en función y bajo la férula de un terrorismo financiero que no les deja libertad ni elección.

La clase política, estrangulada, es esencial, pero a condición de ser dirigida por la opinión pública que, tomada por sorpresa, hoy no se hace escuchar, pero no por eso deja de pensar. Existe una conciencia pública internacional, "globalizada", mayoritariamente antiliberal, pero no se sabe hasta qué punto se ha extendido, tanto menos por cuanto uno de los recursos del sistema consiste en convencer a cada opositor de que está aislado, de que es el único en manifestar pensamientos delirantes y grotescos. También es un "iluso", pues considera "realista" la idea incongruente de que en última instancia el planeta está habitado por una humanidad histórica y viviente a la que habría que tener en cuenta prioritariamente. Por añadidura es "arcaico", ya que rechaza una "modernidad" que consiste en regresar al siglo XIX. Con todo, esta opinión pública empieza a reconocerse, a presentir su fuerza numérica, su envergadura internacional: está dispuesta a asumir su función. Sólo ella puede permitirle a la clase política recuperar la suya. Y, para aquellos que lo desean, desafiliarse del club ultraliberal.

Para imponer el reino de este club no hizo falta *conspiración* alguna sino, lo que es más grave y eficaz, una política que, al hacerle el juego al poder financiero, se beneficia de él y por su intermedio puede controlar los escasos puntos neurálgicos que rigen el conjunto. La maquinaria empieza a funcionar y así se pone en marcha la lógica concatenada de un sistema ideológico de circuito cerrado; a partir de sus axiomas se puede considerar que las depredaciones y desregulaciones operadas por el sistema son hechos ejemplares, que inmediatamente pasan a formar parte de los usos y costumbres con la fuerza de decretos. Sin necesidad de conspiraciones, todo el espectro político queda encadenado a esta red cada vez más inextricable de hechos, todos al servicio de la ganancia privada y sus imposiciones. Al mismo tiempo, se reduce hasta desaparecer el espacio permitido a la menor proposición que cuestione el sistema y ponga de manifiesto o permita recordar que existen o pueden existir otros modelos.

Poco espectacular en sus comienzos, casi invisible, la influencia ultraliberal, desde que apareció siquiera vagamente a la luz, se presentó como algo ya implantado, confundido con la globalización, la cual a su vez parecía un fenómeno natural, que constituía la sustancia misma de toda sociedad. Por otra parte (y esto es lo que permitió evitar la inquietud de las clases medias), durante mucho tiempo esta influencia fue confundida con las rutinas habituales de un capitalismo visible, relativamente cartesiano, que ocultaba los delirios despóticos y devastadores, así como la paranoia del ultraliberalismo.

También ocultaba sus innumerables torpezas, poco visibles, rápidamente olvidadas, jamás tomadas en cuenta en las planificaciones. Y, sobre todo, jamás sancionadas. Son los pueblos los que pagan estos errores, frecuentemente aberrantes, sobre los cuales no ejercen el menor control previo ni posterior. Los responsables siguen su camino. Un fracaso devastador aquí será compensado nerviosa, delirantemente allá en términos de flujos financieros por estos aprendices de brujo. La Tierra seguirá girando, o en todo caso los índices de la Bolsa seguirán aumentando: ¡para ellos es lo mismo!

Qué importa si las naciones quedan exangües, agobiadas por la miseria luego del paso de estos campeones que han partido a hacer lo suyo en otras partes. Se dirá que son torpezas humanas. Sí, pero más desastrosas que ninguna otra, sus designios implicarán en cada caso crisis en todo el planeta, arrojadas al azar, lanzadas por los vaivenes imperiosos y estériles de la especulación.

Aquí se trata de vidas humanas arrastradas por este frenesí irresponsable, deterioradas por su crueldad, pero sobre todo por una incoherencia instaurada con frialdad, prolongada con cuidado, astutamente disimulada, que lleva a las masas al *impasse* y las mantiene allí

¿Incoherencia? ¿De qué otra manera se puede definir el hecho de mantener a las masas en estado de disolución y a generaciones enteras en la miseria, mientras se obstinan en atribuir al empleo, llamado "trabajo", la función crucial que ya no puede cumplir?

No hay la menor ingenuidad en el hecho de bautizar todo lo que tiene que ver con el "empleo" con el noble término de "trabajo", ya que esta confusión provoca una reacción inmediata de indignación: "¡Imposible! ¡El trabajo *no puede* desaparecer!" Es verdad. El trabajo, función inherente a la persona humana, no puede desaparecer, pero el empleo sí puede, dejando intactos el concepto, las posibilidades y el futuro del trabajo, que se ve liberado.

Aquí cabe una rectificación: ¿esta incoherencia no revela una coherencia extrema, una estrategia más o menos consciente para dominar a todos los pueblos?

*Despedir, desregular, desplazar, privatizar, especular: medidas evidentemente nefastas para el empleo, pero que son presentadas con descaro como si fueran favorables, porque lo son para la ganancia, la rentabilidad y, por consiguiente, para el crecimiento; es decir, según el dogma clásico, las condiciones mismas para aumentar el empleo. Ya hemos visto si lo son.*

Lo más funesto no es la desaparición del empleo sino la explotación cínica de este fenómeno, ante todo con el argumento de que el desempleo actual es excepcional, transitorio, insólito. Así se conserva el mito de que la desaparición del empleo es apenas un eclipse. Y con ello, al prometer su regreso inminente, al restar dramatismo a la marginación de los excluidos, al alentar el sentimiento de vergüenza que lo acompaña (pero que, felizmente, está decreciendo), se refuerza la explotación de aquellos que corren peligro de caer en el desempleo, los que quedan a merced de los dueños de los pocos puestos de trabajo que quedan.

Lo más funesto no es la ausencia de empleos sino las condiciones de vida indignas, el rechazo, el oprobio infligido a quienes la padecen. Y la angustia de la inmensa mayoría que, bajo la amenaza de caer en el desempleo, se ve sometida a una opresión creciente.

La obsesión del empleo crece en la medida que desaparecen los puestos de trabajo, se propaga su idolatría, se concede la prioridad a la lucha interminable (e inútil) contra el desempleo por medio de las concesiones a la ganancia, y así los millones[1] de "desempleados" quedan librados a su suerte. La lucha contra la desocupación los deja de lado, con sus magras asignaciones siempre en peligro de disminuir, y por toda perspectiva el "fin de los derechos", expresión alucinante de inhumanidad.

¿Dar prioridad a la situación de los millones de desocupados? ¡Inconcebible! Sería dar muestras de un pesimismo imperdonable, un insulto a la promesa del regreso del empleo pleno (o casi). Así, en Francia, cuando el Estado estudia la posibilidad de emplear fondos para que la población se beneficie del crecimiento, considera que utilizarlos para volver menos intolerable la vida de los desocupados y desheredados sería hacer gala de un derrotismo lamentable; hay que apostar todo al empleo que vendrá –al menos en teoría–, sin detenerse en aquellos que sufren por carecer de él ahora, muchos de ellos desde hace mucho tiempo, sin otro recurso que las promesas. Se nos dice, además, que eso sería contrariar su mayor deseo: el de "recuperar la dignidad" (¡se nos –se les– convence de que la han perdido!) y dejar de ser "socorridos". ¡Sobre todo, dejemos de humillarlos!

Puesto que las empresas no tienen esos pudores, serán ellas las "socorridas" por medio de exenciones impositivas y subvenciones que aparentemente no les provocan la menor humillación. Qué importa si esas empresas, subvencionadas para "incitarlas" a tomar personal, se guardan el dinero y toman poco o nada, salvo que ya tuvieran esa intención y aprovechan para realizarla a buen precio. Son tan generosas que, si no pueden contratar, en algunos casos consienten en despedir menos.

Esos detalles no trastornarán a esos espíritus positivos que se comprometen a reducir el desempleo, de tal manera que los solicitantes de empleo no pasarán, lo juran, más de unos años en la angustia. Además, ¿para qué preocuparse? Una vez que pasen esos años, tendrán la certeza de conseguir más promesas. ¿Qué puede ser más elocuente?

[1] Oficialmente son tres millones en Francia y 18 millones en la Unión Europea.

Sin embargo, uno tenía la impresión de que el trabajo era un derecho. ¡Sin duda, no era más que el derecho de tener esa impresión!

La Declaración Universal de los Derechos del Hombre tiene hoy un aspecto subversivo y sus aspiraciones parecen utopías delirantes. Pero siempre queda bien como decorado, es de buen tono referirse a ella. Ahora bien, si eventualmente está permitido oponerse a ella, criticarla, mofarse de ella mientras se le honra, ¡qué burla siniestra!

La Declaración Universal de los Derechos del Hombre, adoptada el 10 de diciembre de 1948 por la Asamblea General de las Naciones Unidas, estipula en su artículo 23:

> *1.* Toda persona tiene derecho al trabajo, a la libre elección de su trabajo, a condiciones equitativas y satisfactorias de trabajo y a la protección contra el desempleo.
>
> *2.* Toda persona tiene derecho, sin discriminación alguna, a igual salario por trabajo igual.
>
> *3.* Toda persona que trabaja tiene derecho a una remuneración equitativa y satisfactoria que le asegure, así como a su familia, una existencia conforme a la dignidad humana y que será completada, en caso necesario, por cualesquiera otros medios de protección social.

Aquí se ve hasta qué punto las naciones que la firmaron han cometido perjurio.

¡Olvidado, el derecho al trabajo! ¡Negado, el hecho de que la "dignidad" de la persona es suya por derecho propio! Que una persona es digna de por sí, que posee una dignidad que el empleo no le confiere ni menos aún lesiona.

Como se ve, el concepto mismo de la "ayuda social" es contrario a la dignidad, se le ha fabricado para mejor hundir a ese adversario en que se ha convertido el individuo. Si se le puede llamar así... Porque ese individuo tan mimado por el ultraliberalismo no puede ser sino un "poderoso", un "emprendedor" ¡jamás de los jamases un "pobre" ni cualquiera en vías de serlo! Sólo es un individuo aquel que está autorizado a tomar iniciativas individuales, a colocarse en situación de influir a voluntad sobre las vidas de una masa de no individuos, los cuales no pueden oponerse sin atentar contra la libertad individual del auténtico Individuo.

Por otra parte, la presunta "ayuda social" no representa una "ayuda" sino un derecho: la compensación por parte de la sociedad de las injusticias creadas por ella misma, compensación despreciable con respecto a una deuda que no se cancela.

Si desaparecen los puestos de trabajo y con ellos el "derecho de trabajar", si la sociedad no es capaz de restablecer los plenos derechos de los despojados, ¿qué derecho tiene ella de sancionarlos, como lo hace con tanta crueldad, si es *ella* la que está en falta y en lugar de dejarlos de lado, librados a los sufrimientos, debería liberarlos de semejante embrollo de injusticias y estragos?

La solución es una sola: obligarla a cumplir con su deber. ¿Con qué medios? Haciendo de ello una prioridad. Desbloqueando los recursos necesarios, los que utiliza en las situaciones de emergencia, pero esta vez de manera permanente, mientras duren las anomalías. ¡Tanto más por cuanto el optimismo nos debe impulsar a creer en las promesas de que esta vez durarán poco tiempo!

La elección de las prioridades determina lo que es posible. Hoy se inclina hacia los juegos de azar, las especulaciones estériles que sólo interesan a una pequeña banda de "aprovechados". A éstos, una política oligárquica y una ideología totalitaria les han permitido, en un clima de silencio, dar preponderancia –y condicionar los espíritus– al rechazo de la realidad, a una conducción económica que, lejos de buscar lo más concreto, conduce a un caos virtual, a una negación de la realidad, en particular aquella, fundada sobre "bases sólidas", de que en la Tierra existen seres humanos vivientes. Sensibles. A veces denominados "nuestros semejantes". Una realidad trivial a los ojos de nuestros jugadores y sus corredores de apuestas, que no ven, no escuchan ni se comunican sino con ese mundo ficticio que los apasiona y al cual sacrifican el nuestro.

Les parece normal que los desocupados vivan expuestos a situaciones insostenibles por tiempo indeterminado, que sufran padecimientos impuestos sin razón, arbitrarios y de los cuales no son culpables, al menos no más que nosotros. Les parecería aberrante reasignar partidas presupuestarias en función de la suerte de las personas vivas sin dar prioridad a los vaivenes del índice de la Bolsa y otras abstracciones que provocan semejantes dramas y segregan los obstáculos a su solución.

Si tales obstáculos existen en países ricos como Francia, la cuarta potencia económica mundial, o los Estados Unidos, que es la primera, algo está podrido en el planeta. Y eso es lo que se debe rechazar, con todas las modificaciones que se desprenden de ello, sin hacer caso de los ojos elevados al cielo, los clamores sobre la falta de realismo y las pretensiones imposibles. Imposibles porque para crear una sociedad mínimamente decente conviene crear gastos que, efectivamente, podrían afectar los presupuestos que benefician la ganancia privada, a la que se ha declarado sagrada. ¿Pero de qué lado está la falta de realismo y seriedad? *Los fondos existen, riquezas no faltan. Sólo falta resolver el problema del reparto.*

Si ello ha de trastornar el equilibrio ultraliberal centrado en otras prioridades, será para restaurar un poco de economía real. ¡Y es factible, mucho más factible que las acrobacias virtuales en torno de las especulaciones que no sirven a otro fin que a sí mismas!

No sería sino una contrarreacción, una oposición a la conquista del poder absoluto por el régimen ultraliberal que administra un mundo en el cual, en los países pobres, 1 300 millones de personas viven con menos de un dólar por día y en los países ricos (¡hasta qué punto!) decenas de millones viven por debajo del umbral de la pobreza; en Francia son ocho millones. En el que todo conduce a esos valores bursátiles (los únicos) que no dejan de fugarse como consecuencia de esta situación que no dejan de agravar.

*No hay excusas para haber llegado a esta situación en la cual, en tiempos de riqueza, millones y decenas de millones de nuestros contemporáneos viven en la carencia.* La hay menos aún para no prever lo que se está gestando, permitir una vez más que lo indeseable se consolide a nuestra vista, padeciéndolo sin verlo.

Se nos pide que dejemos pasar, inmóviles, estos tiempos de

mutación. Un sector sumamente reducido de privilegiados tiene la libertad, el acceso al movimiento; puesto que participa y se beneficia de la modernidad y el progreso sin emplear a los que quedan de lado, considera moderno prescindir de ellos, dejarlos petrificados en la espera de que renazca el pasado, ese tiempo en el que eran necesarios.

No obstante, aunque la relación de fuerzas ha variado, se considera preferible prolongar las rutinas en torno del trabajo, cantarle alabanzas, repetir los viejos estribillos que prometen un futuro de trabajo.

¿Qué es más optimista, cantar canciones de cuna reconfortantes o denunciarlas, mostrar las trampas sobre las cuales se basan y a las cuales conducen, desmistificar las falsas esperanzas cuyo fin es obtener la aceptación general de lo inaceptable? ¿Qué es mejor, despertar a la "realidad" o resignarse al "realismo" de los jefes y especuladores, que consiste en reconocer que ellos son los más fuertes y deducir de allí que poseen todos los derechos?

Al escuchar las loas al valor sin igual del trabajo cantadas por aquellos que se deleitan con su supresión masiva porque atrae a los inversionistas, convendría recordar cuánto valor le asignan a la hora de retribuirlo.

Un razonamiento realista, moderno, pretendería la supresión de esta religión del trabajo y, con ella, del concepto anacrónico del desempleo, que sirve de castigo en todo el mundo. Pero la desaparición de este concepto significaría un tremendo revés para el régimen ultraliberal, ¡que se vería privado de medios de coerción, chantaje, explotación y sumisión!

¡Pero qué avance sería que no se pudiera explotar más el desempleo! Dejar de lado esa concepción anacrónica y comprender su carácter actual, el de un fenómeno nuevo que aún lleva un nombre antiguo pero no tiene nada que ver con lo que indica éste. Lidiamos con un fantasma, el de un desempleo que desapareció con la época pasada a la cual pertenecía.

Hoy se combate la desocupación de los tiempos del abuelo, que sigue existiendo como mal artificial. El empleo es cada vez más de carácter precario y deja de ser un factor de integración; no ocupa todo el tiempo, con frecuencia es insuficiente para ganarse la vida (lo cual era normal a fines del siglo XIX, pero luego dejó de serio) y, por lo tanto, no siempre permite a quien lo posee que se aleje del umbral de la pobreza. Ha variado la relación de fuerzas y, con ella, el *status* del trabajo, su importancia a los ojos de las empresas. Si les fuera tan necesario o siquiera útil como antes, ¡la mayoría estaría dirigida por masoquistas empedernidos! Basta abrir un periódico, escuchar la radio o mirar la televisión para enterarse diariamente de nuevos despidos en masa agravados con supresiones de puestos de trabajo, realizados por empresas florecientes que luego se vuelven más rentables aún. Por su parte, los directivos de la economía privada proclaman que no se trata de accidentes coyunturales sino de una expresión de *la* "modernidad", su técnica gerencial, su lógica.

Veamos algunos ejemplos, que se suman a los anteriores[2] y corresponden a noviembre y diciembre de 1998:

El 7 de noviembre, Sogenal, 250 a 280 despidos de un plantel de 1 200 asalariados.

El 12, Cummins Wartsila (Mulhouse), 500 despidos de 700 asalariados.

El 13, Shell, 3 000 puestos de trabajo eliminados en Europa. Monsanto anuncia de 700 a 1 000 despidos.

El 21, Seita, dos fábricas cerradas (y, en cada caso, una región empobrecida), prevé la eliminación de por lo menos 500 puestos de trabajo.

El 26, Thomson/Dassault Electronic (fusión), 1 300 puestos eliminados.

El 28, Monoprix, sede de París, supresión de 300 puestos de un total de 1 200.

El 30, Rover, eliminación de 2 500 puestos.

El 1° de diciembre, Volvo, supresión de 5 300 puestos.

El 2, Boeing, despido de 5% del plantel, 48 000 trabajadores, en dos años. Exxon/Mobil (fusión), eliminación de 7% de los puestos, o sea 9 000.

El 3, Panasonic, 400 a 600 eliminaciones previstas.

El 4, Texaco, 2 000.

[2] Véanse las pp. 9 y 10.

El 5, Johnson & Johnson, 5 800.

El 7, AFP, 200 despidos.

El 8, Deutsche Telekom (privatización), 14 100.

El 10, Northrop, 1 800 que se suman a los 8 000 anunciados previamente. Smith and Nephew, 480. Seb, 395.

El 17, Citigroup, 5% del plantel, es decir, 10 400 despidos.

El 18, Laboratoires Pierre Fabre, 179 despidos.

El 21, Thomson-CSF, 4 000 despidos en total, 3 000 en Francia.

Tomando otros casos al azar, 11 000 despidos en julio de 1999 tras la fusión de Axa y Rhône-Poulenc, 4 200 (para empezar) después de la de Elf y Totalfina, sin contar otros miles de despidos provocados por las fusiones, por ejemplo la de BNP y Paribas, o estrategias de productividad como las de Michelin o la sueca Ericsson (10 000 despidos), o la de Procter/Gamble que, con ganancias de 3 780 millones de dólares, cierra 10 fábricas en 1999, lo cual entraña la desaparición de 15 000 puestos de trabajo; su presidente y gerente general, Durk Jager, invoca la necesidad de crear "valor para el accionista".[3]

En cambio Renault, como consecuencia de las "treinta y cinco horas", prevé una contratación por cada tres despidos, y el correo, por la misma razón, ¡se abstendrá de eliminar 3 000 puestos por año!

Más reveladoras aún son las contorsiones que deben realizar los gobiernos sucesivos para crear una cantidad despreciable de puestos de trabajo, lo cual demuestra claramente el humor del mercado. Por ejemplo, ¡cuando el Estado debe "financiar" los empleos en el sector privado! ¡Cuando ofrece a las empresas una buena parte de los salarios adeudados a sus empleados para que "puedan" pagarlos! ¡Sorprendente limosna! Maná para el sector privado, pura "asistencia" no publicitada, que se supone debe remendar, retrasar y sobre todo ocultar el derrumbe del trabajo. Síndrome del avestruz. Y sobre todo infantilismo, que recuerda esos juegos en los cuales los padres dan unas monedas a sus hijos para que jueguen al tendero.

Infantilismo, sí, pero no ingenuidad, porque de esa manera cada ciudadano contribuye a las nóminas de las empresas: ¡el

[3] *Le monde.*

trabajador paga para que se le pague y de esta manera la empresa recibe un rembolso!

¿Hasta cuándo seguirá esta estafa?

¿Alguien puede creer que, si tuvieran necesidad de esa mano de obra, las empresas se privarían de ella, con subvenciones o sin ellas?

¿Cómo es posible que a propósito del desempleo se machaquen siempre los mismos argumentos? ¿Por añadidura, falsos? ¿Cómo es posible que se insista en que las escasas conquistas sociales conservadas, las débiles reticencias al ultraliberalismo, sean la causa del desempleo en Europa y particularmente en Francia? ¿Y que en los Estados Unidos, donde no existen esos "arcaísmos" molestos, casi ha desaparecido y lo mismo está a punto de suceder en Gran Bretaña? ¡Loas a los paraísos terrenales de los dogmas anglosajones!

En realidad, ¡propaganda! Presentada como hecho irrefutable, proferida con tono perentorio, con tal arrogancia, tal apariencia de unanimidad (¡gracias a los silencios!), que salir a su encuentro es un acto heroico. Cabe recordar que con el mismo tono se proclamó el "milagro asiático". Milagro asiático, milagro americano: ¡la misma lucha, la misma intoxicación!

Es extraño ese "milagro", cuando los Estados Unidos conservan desde hace 30 años el mismo número espantoso de indigentes: en estos tiempos "milagrosos", más de 35 millones de personas viven por debajo del umbral de la pobreza en el seno de la primera potencia económica mundial. Dos millones carecen de techo. Es el colador del "milagro" económico estadunidense. ¿Realmente es un país desarrollado?

¿Es racional llamar "desarrollados" a los países ricos? Es tal la disparidad entre un puñado de fortunas asombrosas y la miseria de la quinta parte de sus habitantes que resulta evidente que esos países no han "desarrollado" sus potencialidades. La mayoría de los países ricos son subdesarrollados en el sentido de que mantienen o desarrollan la pobreza.

Ahora bien, esa pobreza es la que explica que en los Estados Unidos exista una tasa de desempleo tan baja, unas estadísticas tan halagüeñas. En verdad, *aquí los pobres hacen las veces de los desocupados,* sufren una miseria y marginación aún más graves, cuando al fin y al cabo la miseria y la marginación son los factores que definen el desempleo, sus taras, su gravedad. La diferencia es que estos pobres prácticamente no figuran en las estadísticas.

Lo que jamás se ha destacado es que el desempleo se evalúa con los mismos criterios en todos los países (estadísticas basadas en el número de individuos inscritos en las listas de demanda de empleo), mientras que cada uno de ellos está organizado de acuerdo con criterios muy diferentes y genera, con el mismo número de personas sin empleo, distintas cifras de inscritos. A propósito del desempleo, si se tuvieran en cuenta todos los criterios y parámetros esenciales ignorados hasta ahora, la diferencia entre los Estados Unidos y Francia, por ejemplo, sería infinitamente menor, incluso despreciable o inexistente.

Comparemos precisamente los Estados Unidos, modelo del ultraliberalismo, con Francia, considerada a pesar de todo uno de los países más reacios y que con frecuencia es vilipendiada por aferrarse a conquistas sociales consideradas "arcaicas".

Ante todo, recordemos de paso que desde hace unos años en los Estados Unidos el ingreso de las clases medias se basa (peligrosamente) en los mercados bursátiles y los azares de la especulación. Su poder adquisitivo depende de ello: ciertos aumentos de dividendos compensan a veces las reducciones de salarios. Un hogar de cada dos posee acciones:[4] son 78 700 000 personas o, mejor, hogares que con frecuencia –esto es lo más peligroso– se endeudan para comprarlas. Por cierto, los mercados bursátiles se mantienen estables y en ascenso desde hace un tiempo inusitado, pero estos nuevos accionistas no parecen comprender la fragilidad de la "burbuja financiera". Nadie se atreve a pensar en el desastre, el pánico que podrían desatar los movimientos bruscos y negativos de estos mercados volátiles, ¡por no hablar de un *crack!*

No se trata de un sentimiento "antiestadunidense", elemental o no. Se trata del régimen ultraliberal que alcanza en primer término a este país y este pueblo apasionantes, poseedores de una frescura y una energía que acaso les permitirán ser los primeros en librarse de él.

[4] *Le Monde*, 22 de octubre de 1999.

Pero veamos algunas cifras del *Informe mundial sobre el desarrollo humano* (1998) publicado por el Programa de las Naciones Unidas para el Desarrollo (PNUD).[5]

Según este informe, 7.5% de la población francesa vive por debajo del límite de la pobreza monetaria. En los Estados Unidos es el 19.1 por ciento.

Sobre los 17 países industrializados que abarca esta estadística,[6] los Estados Unidos son de lejos el primero en el número de individuos que viven por debajo del umbral de la pobreza. Les sigue Gran Bretaña con 13.5%. Ésta es la Gran Bretaña que se presenta como un paraíso, y cuyo primer ministro, el laborista Tony Blair, no vacila en declarar –¡parece imposible después del reinado thatcheriano!– que es necesario "poner fin a esta cultura de la ayuda social" y que él lo hará, haciéndose eco de Bill Clinton cuando anunció "el fin de la ayuda social tal como la conocemos" (¡y que en verdad no tenía nada de faraónica!).

Los Estados Unidos, medalla de oro; Gran Bretaña, medalla de plata… ¡en pobreza! Que no se nos hable más con cualquier pretexto de la prosperidad y la alegría que reinan en los países de los sacerdotes del ultraliberalismo. Salvo que se excluya de la especie humana a los más desfavorecidos entre ellos.

Gran Bretaña tiene 12 millones de personas bajo el umbral de la pobreza –debido en primer término a la falta de empleo–, pero también nos la presentan como ejemplo de ausencia de desempleo y campeona del trabajo. ¡Más de un millón de desempleados figuran como inválidos para reducir las listas de desempleados! La protección del trabajo es casi inexistente y la legislación laboral, antediluviana. Por ejemplo, las vacaciones pagadas ya no existen como ley: dependen de la buena voluntad del empleador, que puede negarlas. Tras la contratación, puede sobrevenir inmediatamente el despido. La protección de la salud, otrora notable, se ha deteriorado de tal manera que uno debe aguardar meses para ser operado, que a una partu-

[5] París, Económica, 1998. Título original: *Human Development Reports,* 1998.

[6] Suecia, Países Bajos, Alemania, Noruega, Italia, Finlandia, Francia, Japón, Dinamarca, Canadá, Bélgica, Australia, Nueva Zelanda, España, Gran Bretaña, Irlanda y los Estados Unidos.

rienta se le conceden apenas seis horas de hospital debido a la escasez de personal y camas, y que en ocasiones los hospitales piden a los familiares de los pacientes que realicen la limpieza. No obstante, allí tienen en cuenta la prolongación de la vida: a partir de los 70 años, la persona es considerada descartable, no rentable, y los cuidados más costosos, como la tomografía, le están vedados, salvo que pueda costearlos íntegramente.

En Francia, 140 000 desempleados no están inscritos en las listas porque están demasiado desalentados. En Gran Bretaña son 837 000.

La sexta parte de los trabajos en Francia son de tiempo parcial, comparado con la *cuarta parte* en Gran Bretaña. Los puestos de trabajo de tiempo completo son casi iguales en número en los dos países.

Las condiciones draconianas que impone Gran Bretaña para inscribirse en la lista de desempleo contribuyen a la modestia de las cifras, tanto como la pobreza de las indemnizaciones para los que logran hacerlo.

Volviendo al informe del PNUD, veamos qué sucede con la "pobreza humana", que incluye la pobreza monetaria mencionada antes, pero también tiene en cuenta otras variables como la tasa de analfabetismo, el desempleo prolongado y las probabilidades de supervivencia. También en esto los Estados Unidos se llevan la medalla de oro con 16.5%. Gran Bretaña se lleva apenas la de bronce con 15%, ya que la de plata corresponde a Irlanda con 15.2 %. Francia viene muy atrás con 11.8 por ciento.

En cuanto a desempleo prolongado entre los 17 países industrializados, las cifras se invierten ya que los Estados Unidos presentan la tasa más baja: apenas 0.5%. Salta a la vista la disparidad entre una cifra mínima de desempleo prolongado y un altísimo porcentaje de miseria y negligencia social, de lejos el más alto entre los países desarrollados.

Así, *la primera potencia económica mundial es también la primera entre los países industrializados en cuanto a la tasa de la pobreza de su población.* ¡Esto da algo en qué pensar acerca del sentido, la calidad, la naturaleza de esta economía mundial! En particular la estadunidense, en su pureza ultraliberal.

Se ve hasta qué punto interviene la intoxicación de la propaganda, así como la importancia de no aceptar ninguno de sus lugares comunes. Tratándose de la miseria en los Estados Unidos, las negativas enérgicas y vagas significan sobre todo que se le considera un detalle sin importancia. Más vale saber que siempre habrá alguien que se encogerá de hombros y, al no poder negar los hechos, exclamará: "¡Bah! Todo eso era cierto hasta la semana pasada. Yo estoy bien al tanto y puedo decirle que hoy..." Pero no agregará nada concreto, sólo tratará de echar una sombra de duda sobre aquello que es incapaz de refutar.

¿Cómo se explica que en los Estados Unidos, donde el desempleo prolongado es tan escaso, apenas perceptible, exista un grado de pobreza tan espantoso? ¿Acaso no se deplora el desempleo sobre todo porque provoca pobreza? ¿Cómo se ha de interpretar esta miseria, un índice tan devastador, combinado con este otro índice, en apariencia tan positivo, de la cuasi ausencia de desempleo prolongado? Muchas son las causas que no aparecen en las estadísticas, las cuales están muy alejadas de la realidad.

En los Estados Unidos, la ruptura provocada por la miseria es particularmente brutal. La marginación es más drástica que en otras partes. En este país tan fascinante, de un dinamismo efervescente, la vida se vuelve rápidamente peligrosa. Sin solidez financiera, traspasado cierto umbral, la caída se vuelve definitiva.

En este país tan rico, donde habitan fortunas delirantes, la función del bienestar social es muy reducida a pesar de los esfuerzos de varios presidentes, entre ellos Bill Clinton: todos fueron vencidos por los *lobbies,* en particular los de las aseguradoras privadas.[7] La protección de la salud está muy privatizada. La enfermedad con frecuencia margina al individuo total y definitivamente. La curación es aleatoria, depende del presupuesto individual. Es frecuente que un hospital rechace a un paciente, incluso de urgencia, como la víctima de un accidente de tránsito, si no puede demostrar solvencia. Lo cual, si no es

[7] Y haríamos bien en recordar que en Francia esos *lobbies* denuncian desde hace tiempo ese gigantesco lucro cesante debido a que los sistemas de salud y jubilatorio pasan por la colectividad.

homicidio voluntario, al menos constituye delito de no asistencia a una persona en peligro.

El número de presos de derecho común –¡dos millones!– desde luego no aparece en las estadísticas de desempleo. La mayoría, casi todos, pertenecen a las minorías pobres; en libertad hubieran formado parte de los desempleados, inscritos o no; una vez encarcelados, evidentemente no aparecen en la lista de demanda de trabajo.

Por encima de todo, un número colosal de hombres y mujeres vive en la miseria, en general demasiado desalentados, agotados, marginados, para inscribirse en las listas de desempleados, tanto más por cuanto el seguro al parado es muy bajo y se cobra por periodos muy breves.

Porque –esto es lo fundamental– estas asignaciones escasas y por tiempo breve son prestaciones sociales; ahora bien, en este país de Jauja, nadie tiene derecho sino a cinco años de prestaciones en toda su vida. ¡Es fácil imaginar la angustia con que se toma la decisión de recurrir a ellas! Aun cuando la miseria apremia, uno no sabe si apelar a esta piel de zapa, ya que corre el riesgo, una vez viejo y debilitado, de haber agotado sus cinco años de derechos.

¿Se ha reflexionado en el problema humano que esto representa? ¿En la inconsciencia y regresión que constituye semejante estado de cosas? ¿En la manera como se burlan los derechos humanos?

Todo un cuerpo de literatura económica lo explica de manera erudita: no hay nada mejor que despojar a una persona de todo, abandonarla, legalmente desprotegida, humillada, sin recursos, para obligarla a someterse, aceptar cualesquiera condiciones de trabajo y de vida, por repugnantes que fuesen. La OCDE, el FMI y el Banco Mundial, entre otras instituciones, han hecho recomendaciones enérgicas en ese sentido.[8] ¿Qué mejor manera de "reducir el costo del trabajo", enfrentar a la competencia y liberar fondos para invertirlos... en la especulación? ¿Y de no preocuparse demasiado por un material humano que se ha vuelto superfluo?

[8] Véase *El horror económico,* Buenos Aires, Fondo de Cultura Económica, 1997, pp. 100-103.

Todo está perfectamente (diríase, abiertamente) organizado, no para "incitar" al trabajo, como se dice con suficiencia insultante, sino para obligar a la sumisión, a la aceptación de cualquier tarea, a cualquier sueldo y por cualquier periodo, por breve que fuese y en cualesquiera condiciones, a aquellos que carecen de recursos, respetabilidad y derechos. Si no es posible desembarazarse de esas personas consideradas no rentables, es apenas justo –en el mejor de los casos– que uno pueda obtener beneficios de ellas.

De ahí esos *working poors* (pobres con trabajo), expresión inventada en los Estados Unidos y que expresa exactamente lo que dice: no es anormal vivir por debajo de la línea de pobreza *aunque se tenga trabajo,* por lo tanto, sin figurar en las estadísticas de desempleo. Esta situación se puede prolongar indefinidamente como consecuencia, entre otros factores, del trabajo precario que prolonga la angustia provocada por la pérdida y la búsqueda incesante de nuevo empleo e impide la solidaridad laboral debido a la vida errabunda impuesta por el aislamiento y la falta de oficio propios de la precariedad. Lo cual, paradójicamente, conduce a muchos trabajadores precarios a recurrir a varios empleos mal retribuidos, provocadores de fatiga y estrés intensos, con tal de tener apenas lo necesario para vivir.

Pero no es indispensable recurrir al trabajo de tiempo parcial: el de tiempo completo basta para asegurar la pobreza. En una entrevista con el periódico *Le Monde,*[9] el economista Robert Reich, secretario de Trabajo de 1993 a 1996, durante el primer mandato del presidente Clinton, sostiene que en los Estados Unidos

> existe una categoría de trabajadores de tiempo completo que no ganan lo suficiente para salir de la miseria. Hay 12 millones de estos *working poors.* Esta situación, que considero inadmisible, es consecuencia directa de la flexibilidad permitida a las empresas y no a los asalariados... Los europeos deben estar al tanto de la cara oculta del éxito estadunidense: mayor inseguridad, más empleos

[9] *Le Monde,* 7 de septiembre de 1999. Robert Reich es autor de *L'Économie mondialisée,* Dunod, 1993.

que pagan una miseria, desigualdades crecientes entre una masa asalariada que cae en la pobreza y una minoría que se enriquece con rapidez creciente.

Cabe imaginar hasta qué punto los desempleados estadunidense carecen de los "medios" para soportar una situación prolongada; sus únicas opciones son caer en un grado de miseria tal que jamás saldrán de él o bien someterse a unas condiciones que en otras partes, particularmente en Francia, serían inaceptables. ¡Cuán lejos están de "la libre elección de su trabajo" que exige la Declaración Universal de los Derechos del Hombre!

Pero ha aparecido un fenómeno que ni siquiera deja margen para la libertad o la elección, primero en los Estados Unidos y luego en Canadá, Gran Bretaña y Nueva Zelanda. Es el *workfare,* uno de los hechos más graves de nuestro tiempo y que pasa casi inadvertido.

El sistema no se limita a imponer implícitamente cualquier trabajo: obliga a aceptarlo.

¿Qué es el *workfare?* Iniciado tímidamente por el presidente republicano Ronald Reagan con la *Family Support Act,* asume su verdadero carácter con la *Responsability and Work Opportunity Act,* sancionada el 31 de julio de 1996 por el presidente demócrata Bill Clinton. Como se ve, la ideología reinante y su lógica no dejan el menor margen a los dirigentes políticos, cualquiera que sea su bando.

Lo que hasta ahora se llamaba *welfare,* el "precio del bienestar", es decir, la ayuda social, ha sido remplazado por el *workfare,* la "tarifa del trabajo", pero un trabajo forzado. Quien no trabaja, al cabo de cierto tiempo es castigado, privado de ayuda social. Esto va dirigido a los desempleados, a los que se considera responsables de su situación. Quedó en el olvido la protección social incondicional "de la cuna a la tumba", que protegía a los débiles de los peligros más graves y les aseguraba una vida digna.

En los Estados Unidos uno tiene derecho a cinco años de prestaciones sociales durante toda la vida, pero tamaña "generosidad no se otorga sin restricciones: después de dos años de desempleo, el otorgamiento de cualquier prestación, el desembolso de cualquier indemnización, dependerá del "beneficiario", quien para "merecerla" deberá realizar la tarea que le proponga –¡en semejante contexto, que le imponga!– tanto un Estado o una municipalidad[10] *como* el sector privado, cualesquiera que sean el contenido, los horarios, el lugar de trabajo e incluso la remuneración, si es que la hay, porque se trata de una contraprestación para que no sea suprimida una magra prestación.

Dada la pobreza que se padece incluso con el otorgamiento de esta ayuda social, esto equivale, con el pretexto de la inserción, a obligar al desempleado a elegir entre la muerte por hambre y los trabajos forzados. Son los mismos "trabajos obligatorios" y la "servidumbre" prohibidos por la primera versión de la Declaración Universal de los Derechos del Hombre en relación con la esclavitud de los negros.

El *workfare* castiga a los más desprotegidos, agrega a su miseria un desprecio absoluto, la demostración del "grado cero" de sus derechos, la privación de todo respeto. Sin el menor escrúpulo, se les arranca aquello que aún se les puede quitar: su trabajo casi gratuito. Esta permisividad oficial afin a la esclavitud recuerda lo que fueron hasta hace poco los métodos soviéticos.

La facilidad con la que un poder despótico ha podido someter a los más pobres a la servidumbre, la ausencia de preocupación y de reacción, el silencio frente a semejante atentado contra los derechos humanos son difíciles de comprender y más inquietantes que los hechos mismos, porque estamos en la frontera de la barbarie, allí donde unos hombres tratan a otros como subhumanos.

La ausencia internacional de reacción contra el *workfare,* ¿acaso no sería un buen augurio para los que algún día considerarían conveniente encerrar a esos inútiles, esos parásitos, en reservaciones o campos? ¿No anticipa la misma indiferencia, por poco que uno quiera mostrarse discreto, con todas las justificaciones virtuosas del caso... si es que aún vale la pena justificarse?

Por ahora no es concebible, ¿pero mañana?

[10] En San Francisco, los barrenderos empleados en condiciones del *workfare* reciben un tercio del salario de convenio, y si llegan 10 minutos tarde, en un horario que comienza a las seis y media de la mañana, se les quitan 30 días de sueldo (Ian Cotton, *The Guardian,* 29 de octubre de 1999).

*Para llegar* a las medidas retrógradas del *workfare* fue necesario apelar a todas las estrategias del nuevo régimen; una de ellas, lejos de ser anodina, consiste en amalgamar el concepto de dignidad con el del empleo; compadecerse de la pérdida de aquélla como si acompañara inexorablemente la de éste, como si el empleo no fuera tan incapaz de conferir dignidad como su pérdida de arrebatarla. Como si la dignidad de la persona dependiera de tener o no un empleo, y que el despedido, hasta entonces una persona honorable, se transformara en un ser "indigno" al que sólo un nuevo puesto, cualquiera que fuese, pudiera restablecer su buen nombre. La idea misma es absurda; adquiere una gravedad extrema en tiempos en que las extorsiones ejercidas en torno del empleo, el desempleo y la amenaza de éste se propagan y generalizan.

Si la dignidad de un hombre o una mujer dependiera del empleo o desempleo, no tendría mayor valor. La dignidad de la persona deriva del hecho de serlo. Se posee de antemano y sólo se pierde en razón de ciertos hechos, tangibles o no, entre los cuales no se cuenta el desempleo.

¡Cuántos desocupados se han derrumbado ante la idea de creerse "inútiles", cuántos se han considerado humillados, en particular frente a sus hijos! ¡Cuántos dirigentes sindicales dicen, muchas veces de buena fe, que junto con el trabajo quieren restituirles su "dignidad perdida", su "autoestima"!

Presentar el desempleo como una desgracia personal o incluso hacerlo pasar por tal es caer en una propaganda demagógica, de corte populista, porque suele suscitar adhesiones fáciles; despreciar al desempleado no sólo permite liberarse de culpa sino también imaginar que uno pertenece a un orden superior y protegido, y al mantenerlo a distancia hacerse la ilusión de que uno aleja la amenaza aterradora del desempleo.

Con todo, ¿qué les sucede a los hijos de los trabajadores despedidos al descubrir súbitamente que sus padres son gente indigna y ellos mismos están cubiertos de indignidad? ¿Aquellos que siempre vieron trabajar a sus padres deben considerar que han caído en la deshonra porque una empresa en plan de restructuración tuvo a bien despedirlos? Por su parte, los niños que siempre o casi siempre han visto a sus padres sumidos en la bien llamada "carestía", el desconcierto, la marginación debido al desempleo, saben que están encerrados en el mismo marco, condenados estadísticamente al mismo destino, y llevan el pesado rótulo de indignidad que les ha colocado su suerte familiar, su vecindario, a veces el color de su piel. A fin de cuentas, ser digno de semejante indignidad no significará la menor diferencia.

Cabe señalar que en semejante contexto se exige a esos padres supuestamente desprovistos de dignidad que sirvan de modelo para sus hijos. Y que se les arrastre ante la justicia ante cualquier "falta" cometida por sus hijos para quitarles por lo menos una parte de sus asignaciones, consideradas una fuente de riquezas.

Sería mejor empezar por no despreciar a esos padres, mofarse de ellos en toda ocasión, tratarlos como marginales, convertirlos en una suerte de parias a los ojos de sus hijos e hijas; si no son de piel clara, convendría no tutearlos automáticamente ni considerarlos sospechosos a primera vista. ¿Corresponde que ellos, abiertamente despreciados por la sociedad en presencia de sus hijos, la representen frente a ellos? ¿Es digno hacerlos perseguir por la Justicia y obligarlos a pagar rescate si no son esos docentes de excelencia que a todo el mundo le cuesta tanto esfuerzo ser?

La verdad es que en esas familias el vínculo con los hijos es muy valioso, muy fuerte,[1] pero ese vínculo no le confiere a uno la autoridad deseada si es objeto del menosprecio general. Es desesperante, incluso desgarrador para los hijos, ver cómo se trata sin respeto a quien posee el *status* de padre o de madre. ¿Qué se puede esperar para uno, considerado de por sí tan

[1] En Radio Notre-Dame, los domingos por la mañana, es muy aleccionador escuchar un programa en el que familiares y amigos pueden dirigirse a los encarcelados, los que evidentemente no pueden responder. Al entrar en esas vidas se escuchan palabras de una lealtad, respeto y ternura envidiables.

poca cosa, en el seno de una célula familiar a la que todos tienen por indigna?

Esta pedagogía del desprecio es el origen de todas las barbaries. Una trampa fácil, cebada por todas las diferencias sociales o raciales.

Una de las más dañinas es la que aún persiste, muy robustecida, entre asalariados y desempleados, como si fuera natural. Sin embargo, se diría que lo indispensable no es tanto la solidaridad de aquéllos para con éstos sino la conciencia de una y otra parte de que no existe frontera entre ellos. Todos, estén desempleados, amenazados de serlo o a salvo, tienen motivos para observar cómo el desempleo perjudica a todos, sin olvidar que ocupados y desocupados se entrecruzan, intercambian lugares y funciones en esta historia común. Hasta el punto de que hoy, los más privilegiados, los colaboradores con puestos importantes, hasta ahora a salvo, saben que no están protegidos. Y sus hijos, menos.

*¿Cuántos trabajadores viven en peligro inminente de desempleo y son tratados como tales, obligados a aceptar condiciones de trabajo cualesquiera, la precariedad, el tiempo parcial, los bajos salarios?* Como una espada de Damocles, esta amenaza pende al menos mentalmente sobre todos, y se le explota. Los que tienen trabajo son tanto más vulnerables, fácilmente manejables, suspendibles y descartables cuanto más empeora la situación de los que están privados de él.

Es sorprendente que los sindicatos internacionales no lo tomen en cuenta. Parece tan evidente que estos conjuntos, por añadidura fluctuantes, deberían unirse, que su separación beneficia al régimen que cultiva el desempleo, o mejor, sus consecuencias, mientras los gobiernos regidos por éste fingen ponerle coto. Decir todos juntos que no daría una medida exacta de la importancia de lo que está en juego y la fuerza que lo acompaña. La mejor y sin duda la única manera de poner fin a esta situación consiste en luchar juntos con la misma consigna internacional: "¡Trabajadores, desocupados, la lucha es una sola!"

En 1997, las manifestaciones de los desempleados en Francia y luego en Alemania fueron un acontecimiento histórico.

Expresaron el rechazo de esta vergüenza aberrante, cada vez menos aceptada, y las reivindicaciones racionales de hombres y mujeres solidarios, resueltos. Pero alrededor de ellos, con ellos, faltaban los trabajadores, los asalariados y los sindicatos en su conjunto.[2] Sin embargo, se diría que debían estar allí. Como los desempleados deberían estar con los trabajadores. Sin que unos fueran considerados un estorbo por los otros.

Ésta debería ser la expresión de una convicción íntima, de una voluntad imprescindible de unión, digámoslo una vez más, en el plano internacional. ¿Por qué permitir que la economía privada sea la única que se une y se agrupa a pesar de la presunta competitividad? ¿Por qué dejar que sólo ella cante una *Internacional?* ¡Y a voz en cuello!

¿Por cuánto tiempo los desempleados y los precarios, la población pobre (aunque trabaje) serán marginados por el resto? ¿Por cuánto tiempo deberán contentarse con planes sin fecha mientras se ignora su *presente:* el de *millones* de personas que se debaten entre promesas vagas? Y, repitámoslo, ¿por cuánto tiempo el concepto de desempleo, conservado a toda costa, será un indicio oficial de decadencia; por cuánto tiempo la compensación al desempleado[3] –otorgada siquiera para demostrar que se respetan los derechos humanos– será presentada como una "ayuda social" vergonzosa, solventada por otros ciudadanos mientras el Estado, generoso hasta el derroche, entrega maná a esos inútiles, ociosos o débiles, incapaces de valerse por sí mismos como adultos? ¿En una palabra, indignos y merecedores de perder su autoestima?

¡Y además, a veces, su vivienda!

En agosto de 1999, un superávit presupuestario hubiera permitido al gobierno francés que tomara medidas urgentes, tales como declarar prioritarios el aumento de la ayuda social, el derecho al salario mínimo a los menores de 25 años y la supresión global del IVA, pero fueron otras proposiciones las que obtuvieron la preferencia. Se escuchó la siguiente orden: "¡Hay

[2] En Francia sólo participó la CGT.

[3] Compensación por demás parsimoniosa, pero suntuosa para aquellos a los cuales está destinada, o a veces les es negada, por ejemplo, en los países anglosajones.

que saber si se quiere una sociedad de asistencia social o una sociedad de trabajo! ¡Es mejor el trabajo para todos!"[4] ¡Ni siquiera se dijo: "*sería* mejor"!

¿Existe conciencia del insulto a los desempleados "asistidos" en un tiempo en que la sociedad, *incapaz* de ofrecerles el trabajo al que tienen derecho, igualmente incapaz de imaginar un modo de vida decente o siquiera de subsistencia, sólo les concede –¡y con qué desdén!– una compensación insuficiente y decreciente, que puede desaparecer por "finalización de derechos"? Una sociedad tan deficiente (como las de todo el mundo y, con todo, no tanto como otras) podría al menos dar pruebas de modestia y, a falta de poder remediarlo, tratar de paliar urgentemente tantas desdichas inmediatas y reales de las que *ella* es responsable, como lo somos todos. Podría dejar de usar el argumento de que es mejor prescindir de aquello que no se puede lograr como pretexto para dejar abandonados al costado de la ruta a los que tanto sufren, rogándoles que sean pacientes, que se muestren "realistas", en nombre de la "modernidad". ¡Que sean optimistas, qué diablos!

Tranquilicémonos: no derrocharon el superávit presupuestario; lo utilizaron para una medida sensata, dirigida a las clases merecedoras, la reducción del IVA (de 20% a 5%) para lo relacionado con el mejoramiento de la vivienda, considerando que esto favorecía la creación de puestos de trabajo. Y que era grato a los sectores acomodados o ricos. ¡Los millones de desempleados en dificultades pudieron apreciar cuánto hubieran ahorrado si, siendo apenas capaces de conservar sus viviendas, hubieran poseído los medios para mejorarlas! ¡Los 600 000 sin techo tuvieron ocasión de regocijarse ya que pudieron, a menor precio, instalar la calefacción central en sus viviendas de cartón, colocar alfombras en sus aceras y repintar sus estaciones del metro! Más aún, pudieron beneficiarse con otra medida tomada gracias al superávit: la supresión de un impuesto sobre las transacciones inmobiliarias gracias a la cual, si se les ocurría comprar el puente que es su (único) alojamiento, ¡este pequeño lujo les resultaría más barato!

[4] *France Info*, 20 de agosto de 1999.

Pretender que los sufrimientos de hoy, que se agravan con el tiempo y desgastan las vidas, permitirán que los desempleados se "beneficien" con el crecimiento de mañana; dirigir todos los esfuerzos a las estadísticas futuras, a proyectos destinados a crear puestos de trabajo no se sabe cuándo: todo esto haría llorar de risa, por no llorar de veras.

Por cierto que los esfuerzos encaminados a remendar la situación y reducir el desempleo son indispensables y bienvenidos. Vale la pena, una y mil veces, tratar de liberar a un número ínfimo de personas –siquiera a una sola, sin certeza de lograrlo–, pero ello no debe servir de pretexto para dejar libradas a su suerte a todas las demás que están "a la espera ", ni para degradar las condiciones laborales a niveles cada vez más bajos: se ha vuelto una práctica común que las condiciones de trabajo de los contratados más recientes sean muy inferiores a las de los de mayor antigüedad.

Las promesas redundantes de restablecimiento (siempre por abajo) desvían la atención de las ganancias bursátiles, de las fortunas y estrategias cimentadas sobre estos desequilibrios. Este celo con que se agrava una situación ya desastrosa pasa ante todo por la protección de quien lo genera; ante todo hay que conservar los presupuestos, las prioridades y el funcionamiento que la provocan: los de un régimen que ha podido consolidarse sin emplear grandes medios.

La ideología actual se vería perjudicada por un análisis frío del problema del desempleo que prescindiera de los postulados y lugares comunes en vigor y planteara como primer interrogante: ¿por qué el empleo ya no es capaz de cumplir sus funciones, incluso cuando existe en datos cuantificados en las estadísticas? Y si no cumple su función (¡y ni siquiera la acepta!) ¿por qué se protege al empleador y no al empleo? ¿Por qué se obliga a la gente a ajustarse cada vez más a las causas de la escasez, de la degradación del empleo, cuando jamás se suprimen esas causas ni se les ajusta a las necesidades de la gente? ¿Cuál es la verdadera razón de esa saña con que se conserva supersticiosamente el puesto de trabajo, cuando los sacrificios que ello reclama en cuanto a su calidad y remuneración, vinculados a la pasividad que impone, conducen a la destrucción de unas estructuras sociales cada vez más degradadas?

Las respuestas conducirían sin duda a dejar de obstinarse en reconstruir una época pasada, a rechazar el embrollo de pistas falsas, ardides y propagandas impuestas por la época actual.

Es verdad que sería una mutación aceptada; aun siendo tan cruel e injusta como muchas veces lo fue la civilización a punto de terminar, no es fácil elaborar su duelo. ¡Y por cierto que no se nos facilita la tarea! Se considera que hasta los más jóvenes viven en el recuerdo de criterios superados, muchos de los cuales se remontan al siglo XIX, desterrados durante mucho tiempo y hoy convertidos nuevamente en símbolos de la modernidad.

Es un recuerdo muy particular el del trabajo, ahora que está fuera del alcance de la gente. Ya no se toma en cuenta su dureza ni su crueldad: es una de las victorias de esta ideología que exige un sometimiento incondicional, tanto tiempo esperado, que sólo había sido aceptado en las colonias.

Sin embargo, el significado del empleo como supervivencia, como única vía de acceso a una vida digna, como condición *sine qua non* para merecer el respeto, no desaparece con su decadencia sino que permanece como único punto de referencia. A pesar del cambio en las relaciones de fuerza, se nos obliga a aceptar sin modificaciones ese significado perimido, que permite asegurar la pasividad de las grandes masas.

Ahora bien, esta versión y su contexto ultraliberal son cuestionados por mucha más gente de lo que parece, y en todos los países. Sin duda, por la mayoría.

La clase política se equivoca al temer que el reconocimiento público de la realidad provocará miedo. ¿Acaso desconoce que son muchos los que tienen conciencia de esta realidad y la enfrentan con lucidez? Éstos no tienen *miedo* sino *indignación.*

Experimentan una sensación de libertad cuando logran poner al descubierto la versión aparentemente reconfortante, aunque en realidad angustiosa; mientras que la esperanza reside en el hecho de ver que otros comparten una inquietud que no es temerosa sino, por el contrario, reveladora de verdadera valentía. Es la de ver con claridad a través de los embustes y reconocer una preocupación muy grave, lamentablemente verificada con frecuencia, y que se desearía transmitir a los que mandan. Se desearía, asimismo, que se la mencionara en lugar de esas alusiones a crecimientos vertiginosos que no cambian en absoluto la situación, que se logran a golpes de despidos en masa y que lejos de impedir el *workfare,* lo crean.

*La voluntad de oposición existe y es impresionante,* por más que no se haya manifestado con gran fuerza. La he visto en el curso de muchos debates, en Francia y otros países, entre millares de hombres y mujeres de todos los ambientes y edades, personas bien informadas, estudiosas y enteradas de estos problemas, que pude admirar por la valentía con que los afrontaban, y que se declaraban reconfortadas por el hecho de poder hablar, de descubrir que eran muchas y que no estaban aisladas en su serena decisión de resistir.

Recuerdo que a principios del otoño de 1997, cuando regresé de América del Sur y de Alemania, muchos periodistas me interrogaron acerca de las diferencias entre las preguntas formuladas y las reacciones suscitadas en los diversos países. Observé que no existían tales diferencias salvo en cuanto a cuestiones secundarias vinculadas a las circunstancias locales. Las preguntas y las reacciones eran similares en todas partes. En casi todas las ocasiones, sin que yo dijera la palabra, alguien se ponía de pie en la sala y declaraba que era necesario "resistir". En Francia algunos empleaban la bella expresión "entrar en resistencia". La sala entera aplaudía. En todas partes vivimos bajo el mismo sistema, dirigido por el mismo régimen tácito. La ideología ultraliberal se extiende por todas partes, genera los mismos problemas, aunque con mayor aspereza en los países más pobres. En todas partes, todos parecían tener conciencia del origen de la situación, del carácter político de la dominación económica que causa semejantes estragos. En todas partes me pareció escuchar las mismas palabras enérgicas, el mismo rechazo.

Existe una opinión pública globalizada, convencida, pero cada uno tiende a creerse un solitario en sus convicciones. En ese malentendido radica lo esencial. Esta lucidez, este rechazo de una propaganda colosal, eficiente y engañosa, revela la cualidad desgarradora de aquellos a quienes se quiere llevar a la ruina.

*¿Somos conscientes de ello?* Aunque el empleo desaparece o se degrada, el trabajo está más disponible que nunca, necesario y vacante pero descuidado, prohibido o incluso conscientemente eliminado. Diríase que para eliminar el desempleo es indispensable restaurar solamente aquellos puestos de trabajo supeditados a las ganas o las posibilidades de empresas que ya no dependen del empleo, en un régimen basado exclusivamente en una rentabilidad que impone restricciones en los sectores de los cuales la civilización no puede prescindir. Los oficios y las profesiones indispensables ahora son inútiles, prescindibles, incluso nocivos para los presupuestos porque no ayudan a los megabeneficios obtenidos de la especulación.

Por tanto, ¿para qué formar a los "jóvenes" en profesiones consideradas parasitarias y demasiado costosas? Además, ¿para qué "emplearlos"? Las empresas esquivan esa responsabilidad aunque se les subvencione para ello y aunque embolsen esas subvenciones. En cuanto al sector público, su vocación es reducirse, o al menos eso se le exige. Queda por ocupar a esos jóvenes, esas niñas en el linde de su destino, siquiera para tenerlos tranquilos y alejados del desempleo oficial, el que figura en las estadísticas.

De ahí los "trabajitos" artificiales que se ofrecen a las generaciones rápidamente privadas de futuro. Para ellos son las pasantías temporarias, los cursos banales, los empleos falsos que ocultan su indecencia con títulos rimbombantes dignos del señor Homais.[1] Son todas ofertas de pacotilla, mal retribuidas, que usurpan su tiempo, tan valioso a esa edad, pero que los "jóvenes" se disputan por falta de alternativas, frente a un futuro vacío, con la sola perspectiva de un sueldo tan precario

[1] "Agente" de esto, "impulsor" de aquello, "encargado" de tal otra cosa. ¿A quién llamará la atención ver a un licenciado en biología convertido por falta de algo mejor, en "coordinador de calidad de vida", es decir, recolector de residuos o más sencillamente basurero?

como irrisorio, una vida en el linde de la miseria cuando no cae en ella. Y que descarta de plano toda autonomía.

¿Qué mejor educación que un debut tan realista en la vida? Esta degradación de la vida social ha adquirido tal legitimidad y aceptación que no nos escandaliza que se le considere un mal menor e incluso natural. Se acepta sin el menor análisis que no hay alternativas, que es la consecuencia de las fatalidades incontrolables de una globalización invencible, un episodio casual, pasajero, ¡un producto del azar que será eliminado inmediatamente!

Mientras aguardamos que se materialice este último proyecto hipotético a más no poder, consideremos estos empleos placebo: si en verdad carecen de interés, si son una pérdida de tiempo, un derroche, una excusa; o bien, si poseen algún valor, algún sentido. En este último caso, veamos si son desempeñados por aficionados incompetentes que ocupan el lugar de profesionales desplazados y consagrados al desempleo porque son más caros y están mejor protegidos por la ley; o bien si los desempeñan con eficiencia personas no sólo embaucadas sino cínicamente engañadas, no sólo pagadas con una miseria sino explotadas de manera salvaje en lugar de recibir una remuneración digna, estable y profesional.

Estos jóvenes, librados en el mejor de los casos a remedos precarios de empleo, dispersos en una tierra de nadie profesional, en una caricatura de vida activa por la cual se supone que deberían estar agradecidos, ¿qué sentimientos de solidaridad pueden adquirir? ¡Causa vértigo pensar en cómo derrochan los años decisivos de sus vidas en ocupaciones artificiales! Tanto más si se piensa en aquello de lo cual se les quiere apartar. Tanto dinamismo, tanta potencialidad frustrada y esperanza burlada se transforman en una vana y nostálgica veneración de la clásica vida asalariada de antaño, que se les presenta como modelo y a la vez se les niega.

La angustia y la vacuidad vuelven por sus fueros después de cada experiencia, tan previsiblemente breve. El único consuelo es que el tiempo pasa y por fin, al cumplir 25 años, se adquiere el derecho a una remuneración mínima. Con semejante proyecto de vida, ¿qué más se puede pedir?

El primer "trabajito" obtenido es un milagro; el primer empleo de tiempo parcial, un privilegio; el contrato por tiempo indeterminado, un sueño irracional. Ha quedado muy atrás el tiempo en que el empleo, las condiciones de trabajo y su existencia misma eran objeto de justas críticas y reclamos.

¿Hoy? ¡Sumisión programada! El empleo sacralizado, que se agota, la "flexibilidad" exigida –ante todo de la columna vertebral–, el riesgo de perder o no conseguir o recuperar un salario, de sufrir la consiguiente miseria y la marginación, no son en absoluto factores de subversión, como no lo es esta sensación de impotencia frente a la globalización, supuesta expresión de una voluntad divina a la que hay que agradecer con todas las fuerzas que no lo aplaste a uno súbita o totalmente.

¿Y los oficios, las profesiones? ¡Locuras de otro tiempo! Relegados, como si fueran un recuerdo lejano, un lujo decadente limitado a unos pocos privilegiados, por añadidura cada vez menos seguros de poder beneficiarse con ellos.

¿Locuras de otro tiempo? ¡Más bien, perversidad del nuestro! ¡Olvidado de tantos oficios y profesiones que abundan, que aguardan en vano a la juventud, así como de tantos adultos que no pueden ejercer los suyos! Oficios, profesiones, empleos ignorados, degradados o suprimidos, que, sin embargo, representan inmensos "yacimientos" (en la jerga actual) de trabajo, de puestos en sectores fundamentales, incluso cruciales, que padecen de escasez de efectivos a la vez que se deplora el desempleo, se libra a los desempleados a su suerte y la sociedad misma se deteriora debido a esas carencias.

*Faltan docentes, las aulas son insuficientes y están superpobladas de alumnos; faltan jueces, escribanos, transportistas, guardacárceles, agentes de policía; hay escasez de supervisores de trabajo, vigilantes de museos; carecemos de enfermeras, que reciben salarios escandalosamente bajos, como sucede a los docentes y tantos otros profesionales de importancia crucial. Faltan médicos, cirujanos, obstetras, anestesistas, profesionales de emergencias,*[2] *¡y se cierran hospitales con ese pretexto!* Hay una lista interminable de profesiones, puestos, empleos, oficios indispensables,

[2] Se necesitan y se reclaman 1 500 médicos especialistas en emergencias, pero sólo se nombran 85.

de necesidad crucial, que, sin embargo, son suprimidos o abandonados, los profesionales marginados y despedidos. Con tantos jóvenes destinados al desempleo, esas profesiones esperan que alguien las ejerza, mientras que a los recién venidos se les prepara para realizar tareas inútiles.

Porque la ideología ultraliberal, que se beneficia financieramente con los despidos masivos, exige por añadidura la supresión de puestos de trabajo vitales, a pesar de su ya escandalosa insuficiencia, en aras de la reducción drástica de "déficit públicos" que son, no nos cansaremos de repetirlo, los únicos verdaderos *beneficios* sociales. No obstante, esos beneficios ejemplares, pero no vendibles, no convertibles en títulos para la especulación, representan un derroche a los ojos de la economía privada, recursos desviados de sus empresas rentables, "arcaísmos" que atentan contra la rentabilidad. Es verdad que no son sino fuentes de beneficios para la vida de los individuos, las generaciones futuras, la sociedad, la civilización. Beneficios para aquellos que, en general, no los producen: un escándalo a los ojos de quienes saquean todos los demás bienes y ven cómo éstos se les escapan.

Es verdad que se debe ejercer un control rígido sobre el gasto público, pero con transparencia, con el fin de aprovecharlo de la mejor manera, sin histerias, cazas de brujas, exorcismos ni expiaciones.

¿Por qué no se ponen en primer término las necesidades reales de la sociedad, por ejemplo en materia de salud, y *a partir de allí* se elabora el presupuesto, sin excluir que tal vez sea necesario... aumentarlo? Una nación incapaz de permitírselo no debe ser contada entre los países prósperos sino entre los subdesarrollados.

Una sociedad digna no debería temer ni menospreciar esos gastos sino buscar la manera de que la gran mayoría de sus miembros se beneficien con las potencialidades y los avances, sobre todo de la medicina. *Es malsano, irracional, avergonzarse de los gastos en lugar de felicitarse por ellos. Jactarse de reducirlos, de mantener beneficios vitales lejos del alcance de la mayoría, en lugar de preciarse de usarlos.*

¿A qué estado de ánimo nos han condicionado, a la clase

política y a todos, para que aceptemos semejante desviación de la norma, semejante privación de una justicia tan elemental? ¿Habremos caído en la bancarrota? Si es así, ¿de dónde viene la insensata y estéril prosperidad de los mercados financieros y la especulación? ¿Es en beneficio de semejante derroche que debemos padecer tanta austeridad? ¿Debemos sacrificarle así alegremente las futuras generaciones? *¿Realmente es válido el pretexto de pagar las deudas? ¿Deudas con quién, contraídas por quién, a propósito de qué? ¿No es posible reducirlas o anularlas sin hacer daño a nadie, salvo a los beneficiarios de esos andamiajes erigidos para llevarnos a esta situación?*

Se nos convence de que debemos pagar esas deudas para no dejárselas a las generaciones futuras, y con ese fin debemos sacrificar la educación, la salud, el ambiente, el poder adquisitivo (ya hemos visto que los sueldos de los jóvenes son inferiores a los de sus mayores), así como los valores, la esperanza y el futuro. Así les ahorraremos... ¿qué? ¿Que caigan en la situación en que se encuentran?

*Si el desempleo no existiera,* el régimen ultraliberal lo inventaría. Es indispensable para él. Es lo que le permite a la economía privada mantener bajo su yugo a la población del planeta y a la vez conservar la "cohesión" social; es decir, la sumisión.

Por consiguiente, su política tiene por objetivo mantener el concepto dentro de un contexto en el cual ya no tiene lugar y amenaza a cada individuo, con pocas excepciones. ¿Qué otro medio de coacción podría ser más eficaz? ¿Qué mejor garantía de "paz social" se podría hallar?

Pero la condición para ello es que no se altere el viejo orden de los valores relativos al desempleo y al empleo, de venerar a unos aunque a los otros los pisotean. Que se tache de "arcaica" toda preocupación con respecto a los que padecen esta situación y toda crítica de una modernidad que consiste en que el trabajo siga siendo tan fundamental para unos como lo es la ganancia para aquellos de los cuales depende... cuando empleo y ganancia se vuelven incompatibles. Por lo tanto, que se evite cualquier revaluación, cualquier análisis que eche luz sobre la naturaleza del sistema.

Por eso se exalta el culto del trabajo a medida que éste desaparece, toda la vida social y política se concentra en él al tiempo que se extiende el desempleo. Mientras éste se incrusta en las estructuras, se trata de imponer una visión según la cual la escasez de trabajo es accidental y furtiva, está a punto de desaparecer; así, de paso, se resta dramatismo a la situación de los desocupados. Se les pide un poco de paciencia, que no cometan la ingratitud de desconocer todos los esfuerzos que se hacen por su bien mientras ellos no hacen nada, la pesada tarea de alentar sus ilusiones a propósito de promesas supuestamente casi cumplidas, y que den testimonio de esa confianza al no hablar de sus problemas, que ya están casi resueltos.

Esta buena conciencia permite insinuar que la situación de

los desempleados no se debe en absoluto a las deficiencias de la sociedad sino a su propia incapacidad, mala suerte o torpeza. O tal vez a su pereza. Es más, cabría sospechar que esa gente "que no trabaja ni busca trabajo"[1] abusa de los bienes sociales mientras descansa cómodamente.

De ahí la necesidad de "incitar" a trabajar a aquellos a los que no se les puede ofrecer trabajo, volver más insoportable su situación con el fin de exacerbar el deseo de salirse de ella, pero sin proporcionarles los medios. ¡No importa! No es un problema sencillo: ¿cómo "incitar" a esos felices beneficiarios del seguro al desempleo en un país como Francia, más generoso que los demás (¡), pero donde el salario mínimo no representa sino la suma de las diversas asignaciones? Ahora bien, lo que escandaliza y asusta a las autoridades no es la espantosa exigüidad de los salarios mínimos, ¡sino la generosidad injustificada de las asignaciones! Puesto que sólo una situación de pobreza creciente y derechos decrecientes puede llevar a la aceptación de esos salarios, esas condiciones laborales y de vida, el coro de los mandones deplora lo escandaloso de tamaña generosidad, aunque sabe bien, con respecto a los marginados del empleo, que el empleo mismo está marginado.

*No obstante, cabe prever que, debilitados tanto por la pobreza como por el oprobio que los rodea, esos marginados caerán en el olvido salvo como cifras en las estadísticas. Despojados de todos los derechos, desaparecerán del todo.*

Para los pensadores utópicos del siglo XIX, el fin del trabajo significaría la felicidad, el objetivo supremo a reclamar. Hasta hace poco se consideraba utópica la idea misma de la desaparición del trabajo gracias a la cibernética, un suceso altamente deseable pero con escasas posibilidades de cumplirse; algo propio de la ciencia ficción, pero con lo cual uno solía soñar. Naturalmente, se suponía que las tareas penosas, aburridas, no elegidas, darían lugar a otras, más significativas y gratificantes, que permitirían al individuo sentirse más realizado y a la vez más útil. En realidad, existía la convicción de que el empleo en sentido estricto dejaría su lugar al trabajo verdadero y a la vez

[1] Claude Imbert, *LCI*, 3 de septiembre de 1999.

al ocio, el tiempo libre. ¿Quién hubiera imaginado que su desaparición provocaría angustia, miseria, la desestabilización mundial de la sociedad, junto con esta obsesión creciente e inédita del trabajo en la misma forma, cuya ausencia no provocaría alivio sino desesperación? ¿Y que esta ausencia, convertida en una presencia obsesiva, constituiría semejante peligro?

¿Quién imaginaba que el concepto de trabajo se acentuaría hasta hacernos regresar a la época de los "patrones" de derecho divino, cuando el "progreso" consistía en reconocerles un poder exorbitante, despótico, sin limitaciones ni fronteras? ¿Un poder convertido en una potencia anónima, abstracta, inalcanzable, que determinaría la política planetaria?

Nadie pensaba –¿pero quién tenía la menor idea sobre esto?– que la utopía acabaría por materializarse a favor de los amos sin nombre de una economía privada desenfrenada, especulativa hasta el delirio, y que crearía para ellos un espacio sin derecho, en los hechos una *nación virtual,* preponderante, basada en su ideología y que, desde la ausencia del derecho, se arrogaría todos los derechos. Sobre todo, nadie imaginaba que frente a esta potencia cada vez más autónoma, divorciada de la sociedad, la cantidad ya no sería una ventaja, una fuerza capaz de provocar o impedir sucesos, sino un obstáculo.

La cibernética no es la única responsable, o no lo es por sí misma: la culpa es de quienes la usaron, la explotaron para acceder sin trabas a un totalitarismo disimulado, que no dice su nombre.

Faltó vigilancia. Hubiera sido necesario prever el impacto de las nuevas tecnologías y prepararse políticamente, legislar sobre sus efectos para prevenir su desviación. En la época en que esa situación nueva aún no había caído como rehén, no hubiera sido difícil visualizarlo políticamente en lugar de permitir que desnaturalizara la política.

Ahora bien, cada uno siguió su camino sin prevenirse contra aquello que podía representar una gran esperanza o comprometer drásticamente el equilibrio de la humanidad; durante décadas, nadie tuvo en cuenta su existencia por entonces potencial, no para rechazarla de plano sino, por el contrario, para acoger aquellas virtualidades, aún realizables, que resultaran favorables a todos.

¿Por qué no se modificaron los conceptos mismos de trabajo, empleo y sociedad para obtener consecuencias racionales y beneficiosas, pero sobre todo no perniciosas, de unos progresos tecnológicos tan prometedores?

*Es alucinante que el lugar ocupado por las máquinas no fuera compensado eventualmente por un modo de vida distinto en función de la nueva coyuntura; que no se buscara desde el comienzo la manera de remplazar esos puestos de trabajo que desaparecían a la vista de todos, que no se pensara en la manera de remediar el fenómeno, compensando ante todo a las personas perjudicadas.*

Si se les hubiera tomado al comienzo, esas medidas hubieran parecido evidentes y nadie se hubiera opuesto a ellas; hubiera sido fácil aplicarlas en cada caso de acuerdo con las nuevas circunstancias. Se trataba de incorporar los progresos tecnológicos sin sus efectos perjudiciales cuando aún existían pocos intereses invertidos en sus consecuencias. Todo se hubiera podido resolver.

Pero esta etapa crucial de la historia de la humanidad se desarrolló en medio de una negligencia inconcebible, tanto más por cuanto casi nadie tenía interés en iniciarla, ni menos aún aquellos que se manifestarían posteriormente.

¡Pero lo más inconcebible es que ya estamos ahí!

No hemos enfrentado el problema y menos aún lo hemos analizado. Ha pasado el tiempo y ahora estos azotes parecen tradicionales, normales porque se les puede imputar a un fenómeno inexorable, no a una serie de negligencias dramáticas que, por el contrario, lo ignoraron.

Así, en un comienzo, la economía privada aprovechó de manera empírica, como si fuera una mercancía, esa arma que tenía en sus manos, hasta que poco a poco adquirió conciencia de la revolución que podía llevar a cabo por medio de la cibernética sin descender abiertamente a la arena política.

En efecto, esas masas de hombres y mujeres imprescindibles, pero a la vez tan costosas –obstaculizadoras de la ganancia pura, siempre atentas, siempre dispuestas a reclamar, luchar, cuestionar las jerarquías, hablar de justicia–, se volvían cada vez menos necesarias, sobre todo para la economía privada, pero al mismo tiempo más dependientes de ella. ¡Explotarlas valía la pena! ¡Era una ganga! ¡Un regalo del cielo!

¿Cuáles eran los pasos siguientes? Evidentemente, el primero era reducir el costo de la mano de obra, a la vez que disminuir su valor abstracto y –con la denominación de "trabajo"– su prestigio; velar para que el empleo, cada vez menos útil para los empleadores, se volviera indispensable tanto para los empleados, tan frágiles, como para los buscadores rechazados.

Sabemos lo que vino después. Pero, ¿lo que vendrá más adelante? ¿Podremos estar atentos al presente, descubrir la realidad detrás de las máscaras? Conviene que dejemos de ofrecerle al régimen déspota, por nuestra falta de vigilancia, el mejor regalo que pudiera desear.

*Ser optimista* es confiar en la movilidad permanente de la política y la historia, en la posibilidad de luchar tanto para oponerse como para conservar: es una de las razones de ser de la democracia. Negarse a aceptar lo que se considera nocivo, luchar sin la certeza, pero con la esperanza, de vencer: ¿no es ésta una forma superior de optimismo, que consiste ante todo en no resignarse?[1] Por el contrario, considerar que lo único posible es un cierto modelo de sociedad basado en la llamada "economía de mercado", pretender que no existe alternativa alguna, y sostener que frente a sus consecuencias deplorables sólo cabe adaptarse: ¡qué ejemplo flagrante de pesimismo!

El 9 de septiembre de 1999, la antevíspera del día en que escribí esta página, se produjo un suceso que demuestra cómo juega la ilusión. La firma Michelin anunció que sus ganancias habían aumentado 17%, o sea, casi 2 000 millones de francos, durante el primer semestre de 1999, y que las perspectivas eran favorables; al mismo tiempo anunció el despido de 7 500 empleados, la décima parte de su plantel, gradualmente durante los tres años siguientes. Ese día el precio de sus acciones en la Bolsa aumentó 10.56% y al día siguiente 12.53%. ¡Clásico! Los anuncios de despidos fascinan a los accionistas aún más que las ganancias.

Este tipo de escándalo, tanto más repugnante en razón de su misma banalidad, no debería sorprender a nadie, aunque estruja el corazón cada vez que sucede. Sin embargo, provoca un estupor generalizado, como si fuera un fenómeno inédito, producto de una iniciativa que nadie hubiera podido imaginar. Desde luego que la indignación suscitada por Michelin no

[1] ¿Existe una forma peor y más deletérea de pesimismo que adoptar, según el ejemplo de Pascal Bruckner, la fórmula *if you can't beat them, join them* (si no puedes derrotarlos, únete a ellos) y que hubiera podido servir de divisa para los que colaboraron con los nazis durante la segunda Guerra Mundial? *(Le Monde,* 2 de abril de 1998).

podía ser más justa, pero este efecto de sorpresa, este asombro repentino, ¡revela cierto estado de distracción! ¿Cómo pudo suceder semejante calamidad? Nadie daba crédito a sus ojos ni oídos. Pero lo que verdaderamente causa estupor es el estupor mismo. ¿Éramos tan ciegos, ingenuos, sordos, distraídos para descubrir de la mañana a la noche algo que ya se había convertido en rutina?

Por cierto, más vale tarde que nunca, si se multiplican las expresiones de indignación frente al "descubrimiento" de semejantes abusos, hasta ahora reiterados sin gran agitación, en medio de reacciones puramente locales, autorizadas por los demás. Pero este súbito oprobio no impedirá que vuelvan a machacar como siempre que el crecimiento generará todos los puestos de trabajo deseados, mientras se afanan por suprimirlos a la vista de todos. Se necesitaría mucho más para perturbar la obstinación de unos y otros en exaltar este crecimiento, engendrador de trabajo, al cual hay que sacrificarle todo... ¡(incluso los puestos de trabajo)!

Lo que crece no son las vagas "riquezas" destinadas a distribuciones aún más vagas sino las ganancias compartidas por dirigentes y accionistas, cuerno de la abundancia multiplicado por la reducción del costo de la mano de obra.

Se advierte hasta qué punto la consigna "prioridad al empleo" es desmentida por los intereses dominantes en el universo empresario, que, sin embargo, es resaltado como fuente proveedora de trabajo. Habría que ser demasiado crédulo para esperar que los beneficiarios de la "reducción de costos" de la mano de obra moderen este proceso, y menos aún que renuncien a aquello que hace aumentar las cotizaciones bursátiles y las ganancias. "Prioridad al trabajo", ¿por qué no? Eso no perjudica a nadie. Pero los entusiasmaría aún más poder clamar "¡prioridad a los despidos!"

El caso Michelin causó indignación, pero las protestas, a pesar de que fueron masivas, resultaron inútiles porque ninguna ley prohíbe o siquiera limita esa clase de medidas.[2] La autorización

[2] El artículo de la segunda ley Aubry sobre las "treinta y cinco horas", que trataba de impedir siquiera mínimamente una repetición de esas oleadas de despidos en las empresas prósperas, fue derogado por el Consejo Constitucio-

administrativa de despido fue derogada en 1986; sin ella sólo quedan algunos recursos vagos e ineficaces.

Tachar de inaceptable la decisión de Michelin, odiosamente común, es lo menos que se puede hacer; pero, ¿por qué es imposible rechazarla? ¿Por qué no existe una medida capaz de oponerse a estas aberraciones? ¿Una defensa eficaz para prevenir a los trabajadores frente a semejantes perjuicios a falta de las leyes correspondientes? La respuesta está en la coherencia, que debería saltar a la vista, entre esos manejos y la única clase de sociedad considerada viable, exaltada como la única "moderna" y "realista" con la etiqueta de una "economía de mercado" cada vez más especulativa.

Puesto que el afán por despedir es uno de los pilares de eso que se hace pasar por "economía" a escala mundial, no es sorprendente que la proteja y aliente la ley, mejor dicho, una ausencia de leyes,[3] lo que viene a ser lo mismo y nos entrega a los ritos obsesivos de los sacerdotes de la ganancia sacrosanta, considerada beneficiosa para todos, en primer lugar sin duda para los bienaventurados despedidos...

Son todas costumbres que se han vuelto tradicionales, de una lógica coherente y una crueldad consciente, pero justificadas porque las ejerce la "elite" sobre la masa, considerada una especie diferente, sumisa por naturaleza, sin otra importancia que la de servir a los poderosos intereses que son contrarios a los suyos. *¡Intereses a los que nadie puede oponerse sin provocar inmediatamente amenazas extorsionistas de cierre de fábricas y fuga de capitales, agitadas con virtuosa indignación, sin la menor vergüenza, sean lícitas o no!*

¿Quién correrá el riesgo de acometer la sempiterna extorsión del empleo? ¿Este empleo que parece tener ahora por función principal servir de pretexto para esa misma extorsión? En Michelin tuvimos derecho, como correspondía, a escuchar al director de la empresa, señor Coudurier, recitar la conocida

nal, para profunda y entera satisfacción de la patronal. Entre los fundamentos se consignó el principio de igualdad ante la ley. Un caso más en el cual la igualdad ante la ley protege la desigualdad ante la vida.

[3] Es igualmente clásico el hecho de promulgar leyes sin prever sanciones para quienes las violan. ¡Piadosas intenciones!

cantilena según la cual la firma –que redujo sus efectivos a la mitad (de 30 000 a menos de 15 000) en 15 años, durante los cuales se le ofrecieron 10 de esos planes alegremente llamados "sociales" (!)– aplica desde siempre una política eficaz a favor del empleo, al cual no ha dejado de salvar... a golpes de despidos en masa. Afirmaciones que ni siquiera merecen un punto de exclamación.

Más revelador aún: en medio del estupor general, se anunció –sin que ello provocara la menor reacción, como si fuera lo más normal– que para "mejorar la productividad por lo menos en 20%" en tres años, reforzar la competitividad y prever un aumento acelerado de las ganancias, eran necesarios los despidos masivos, así como dar prioridad a la productividad sobre la producción, a los accionistas sobre los consumidores. ¡Ni qué hablar de los empleados!

Por consiguiente, nadie ignoraba los métodos de empleo aplicados por la economía privada ni los métodos brutales que requería el sacrosanto crecimiento, en manifiesta contradicción con el grito sagrado "¡Prioridad al empleo!" *Sólo una propaganda intensa logra convencernos de que el crecimiento resuelve el problema del desempleo,* cuando diariamente tenemos la prueba de lo contrario, la incompatibilidad creciente del aumento de las ganancias con la defensa y conservación del puesto de trabajo.

Asimismo, existe cierta ingenuidad, en absoluto inocua, que consiste en reprender al señor Michelin y sus semejantes por su "falta de corazón" y de "buenos sentimientos", esperando que se conmuevan o incluso se asusten al reprocharles su insensibilidad y el hecho de que privilegian sus intereses por encima del bien común. En realidad, los acusados no son los hombres ni sus personalidades; ellos son previsibles, leales a sus deberes, sumisos a los guiones que les imponen. Aquí no se trata de psicología ni de moral, sino del derecho, ¡sin el cual siempre se puede hablar!

Si el señor Michelin está en condiciones de tomar las decisiones que más le convienen, si nada se opone, ¿por qué no habría de hacerlo? ¿Por bondad de espíritu? Pero sus sentimientos no son asunto nuestro. ¡Y todos saben que el interés tiene razones que el corazón no tiene motivos para desconocer! Para los jefes de empresas, las decisiones de los accionistas son mucho más importantes que la aprobación del resto de sus contemporáneos. El señor Michelin sigue su lógica y la de sus clones (habitualmente un poco más anónimos), que coinciden con la que los propagandistas de su misma ideología consideran "realista" y "moderna" en oposición a las demás. Claro que en este caso le reprocharon el haber sido demasiado llamativo, torpe y brutal, pero sólo por la manera en que realizó un anuncio, por lo demás perfectamente normal.

Incluso para Michelin. Resulta que casi tres años antes, el 18 de marzo de 1997, yo me encontraba en Clermont-Ferrand para dar una conferencia sobre *El horror económico*. En la ciudad no se hablaba de otra cosa que de los despidos en masa que acababan de anunciar juntamente con importantes ganancias. Las cifras eran menores que en la actualidad y los anuncios no habían sido simultáneos sino separados por un breve intervalo. Los hechos eran los mismos, el cinismo también. Ahora bien, ¿quién se indignó en ese momento? Para entonces, esos sucesos ya eran banales a más no poder.

El terremoto provocado en septiembre de 1999 por la repetición del suceso, que se produce diariamente en Francia y el resto del mundo, resultó insólito y revelador de la "distracción" general, de esa negativa a ver la realidad que resulta tan inquietante como los fenómenos mismos.

Michelin se limitó a aplicar el abecé de la economía "moderna". ¿Quién se indignó porque a la supresión de 7 500 puestos de trabajo se sumó el anuncio de 2 000 despidos (en realidad, muchos más) debido a la fusión de Elf y Totalfina, y de 450 en Épéda? Nos referimos a un solo periodo en un solo país. Quedan los demás, todos los demás, que no son menos.

Pero el crimen imperdonable de Michelin fue la "mala comunicación". ¿No habrá sido voluntaria: un anuncio espectacular para animar a los inversionistas en los fondos de pensión? No importa, fue un error. El único que el señor Michelin hijo, responsable de la metida de pata, tuvo a bien reconocer. Admitió que si bien importa poco, en una época de desempleo y escasez de trabajo, despedir a 7 500 personas de una firma floreciente y beneficiada, siempre hay que hacerlo amablemente y sobre todo explicar de manera pedagógica por qué se trata de una medida sensata, cómo los despidos benefician el empleo, son útiles en la lucha contra el desempleo y se les realiza por el bien de todos. Entonces no restará sino aprobar, agradecer y aplaudir al hombre que supo respetar tan bien y amablemente el derecho a la información.

El señor Michelin hijo confiesa que se sentía "muy humilde" ante la idea de haber sido tan "torpe". Pero no por ello deja de ser un innovador, porque "para el grupo Michelin, semejante *mea culpa* es una novedad".[4] Qué decisión conmovedora, qué calvario doloroso el de Edouard Michelin: "Una época penosa. Incluso dolorosa... No habíamos preparado adecuadamente a la opinión pública, nuestro anuncio la sorprendió y escandalizó". Es verdad, ya que "preparar a la opinión pública" (léase condicionarla) es el fundamento de la política ultraliberal. Bastaba que el joven Edouard dijera: "puesto que la competitividad", "puesto que la competencia", "puesto que el crecimiento, sin el cual no hay trabajo", "puesto que el mercado", "puesto que no teníamos alternativa", "puesto que" todos esos argumentos acumulados que se corroboran, "no había elección, no se podía actuar de otra manera"; bastaba entonces que se guardara, sobreentendido: ¡"puesto que las ganancias enormes no bastan, puesto que los salarios son superfluos" para obtener el mayor de los éxitos!

No obstante, en su dolor infinito, el joven señor Michelin confiesa que a pesar de todos sus esfuerzos no termina de comprender por qué el Estado no lo ayuda a financiar su "plan social", a indemnizar a los despedidos cuya partida va a dar aún más ganancias a una empresa ya muy rentable. Su argumento no admite réplica: puesto que la empresa tiene la infinita bondad de pagar todos sus impuestos, tarifas y gabelas, ¿cómo se atreven a no compensarla? Pagar los gastos de los infortunios que ha generado con el fin de enriquecerse sería lo más elemental. Tanto más por cuanto el Estado jamás ocultó sus 10 "planes" resueltamente "sociales", los 15 000 despidos

[4] *Libération,* 15 de noviembre de 1999. Las citas siguientes son de la misma fuente.

que tuvo la valentía de producir en su lucha fervorosa por el empleo, realizada según los principios de la ortodoxia moderna, tan eficaz, como se ha visto.

Como la dicha nunca viene sola, pocos días después de Michelin, otra empresa francesa dio pruebas de "modernidad": Renault una vez más (no olvidemos Vilvorde),[5] en ocasión de la reventa de la importante firma japonesa Nissan, despidió a 21 000 asalariados y cerró cinco plantas. La cereza de la torta fue la reducción de 20% de las compras de autopartes a pequeñas y medianas empresas contratistas, condenadas así a la quiebra.

Esto sucedió de maravillas, sin provocar reacciones: ¡Japón queda muy lejos! ¿Cómo se le vio en Francia? Con orgullo por esos galos conquistadores, dominadores del extranjero. ¡Bravo! Se había cumplido con lo esencial: la buena comunicación. En lo sucesivo, el señor Michelin hijo podría tomar lecciones del señor Carlos Ghosn.

Apodado el "matador de costos" *(cost killer),* el señor Carlos Ghosn, arquetipo de la virtud, del saber económico y de los buenos modales ultraliberales, ejerce sus destrezas en Renault después de haber pasado por... Michelin. Un campeón. Veamos: "Para que Nissan fuera rentable, ha reducido costos sin remordimientos... Carlos Ghosn ha avanzado allí donde otros hubieran transigido: 21 000 puestos de trabajo eliminados en todo el mundo sobre un total de 148 000 asalariados, tres plantas de ensamblado y dos unidades mecánicas cerradas desde ahora hasta marzo de 2002".[6] Sin contar la reducción de costos de adquisiciones, lo que arruinará a un buen número de proveedores de máquinas, autopartistas y otros subcontratistas. Se le presenta como un modelo: "Nadie había osado tomar medidas de tal envergadura... contrariar hábitos cuasi seculares de pleno empleo, en uno de los orgullos de la industria japonesa". ¡Uno se siente orgulloso de ser francés! Después de la

[5] La fábrica Renault de Vilvorde, Bélgica, renovada dos años antes, era considerada un modelo para las demás fábricas del grupo. Los asalariados, muy eficientes, habían aceptado algunos sacrificios, incluso un recorte salarial, para acrecentar su rendimiento. En 1997, la fábrica fue cerrada sin razones válidas y sus empleados, despedidos.

[6] *Le Figaro,* sección economía, 19 de octubre de 1999.

decisión de este apóstol de cerrar la fábrica de Vilvorde en Bélgica, "ahora espera ahorrar 60 000 millones de francos" en Japón.

Los 21 000 trabajadores sacrificados se alegrarán de saber que se trata de un "plan de revitalización". Los "interlocutores nipones" se mostraron encantados con la delicadeza, el tacto exquisito con que se anunciaron las medidas. Sin duda, todo está en los modales. Jamás se había visto tanta elegancia: el señor Carlos Ghosn, quien "desde que se encuentra al volante de Nissan sólo habla públicamente en inglés" (un medio excelente para trastornar la cultura empresarial japonesa autóctona), "no ha vacilado en expresar fonéticamente en japonés la conclusión de su plan". ¡Es para llorar de la emoción! La eliminación de 21 000 puestos de trabajo, el cierre de cinco fábricas anunciados directamente en japonés a los interesados: ¡qué amabilidad, qué alarde de humanidad! Que recibieron su recompensa inmediatamente, porque "para los interlocutores nipones, no es un detalle sin importancia. Se dice que los enviados de Daimler-Chrysler no demostraron tanta deferencia. Los franceses se esfuerzan por jamás ofender a sus homólogos. Pero quieren golpear rápidamente y con fuerza". Estos franceses son perfectos: etiqueta y cortesía, fraternidad, brutalidad, ¡tienen todo a su favor! Los maleducados de Daimler-Chrysler harán bien en remozar sus ideas, tomar cursos de trato social. Si se quiere ser amado, hay que ser "homólogo", cultivarse a la manera francesa, fonéticamente.

Ford también tiene mucho que aprender del señor Ghosn:

> Cuando Ford sustituyó el ascenso por antigüedad que predominaba en las fábricas japonesas por el ascenso basado en el mérito, Carlos Ghosn tomó la misma decisión: de ahora en adelante, rentabilidad obliga, en Nissan el ascenso del personal se basará exclusivamente en el rendimiento. Así, después de los anuncios de cierres de plantas y eliminación de puestos, es derribado un nuevo tabú del sistema japonés. Y no de los menores.[7]

¡Esto es mejor que el Mundial! ¡Francia campeón, colonizador de un Japón abrumado por tanta "deferencia"! ¡Viva Carlos

[7] *Le Figaro, ibid.*

Ghosn! "¡El *cost killer* al poder!" ¿Cómo se dice eso en japonés? Fonéticamente, claro...

Estas prácticas se han vuelto tan comunes y están rodeadas de tal cinismo, que aparecen a la luz del día, sin complejos. Forman parte de esos métodos incuestionables, considerados clásicos por los dogmas ultraliberales, tan fuertemente arraigados en un mundo hecho para estar sometido a ellos. Rechazar o modificar el menor elemento en este embrollo de postulados pondría en tela de juicio todo el conjunto. Y en ese caso, se derrumbaría todo el sistema.

Aquello que hasta ayer había que descubrir y revelar para denunciar lo que nadie veía, ahora aparece a plena luz, es del dominio público. Lo que antes se disimulaba, ahora se muestra con toda naturalidad. Se podría hablar incluso de *economía-espectáculo*. Como en el fútbol o el boxeo, se supone que el público conoce y sigue con pasión las alternativas de las empresas, sus riñas, duelos, divorcios y casamientos.

Al fin y al cabo, el desenlace es siempre el mismo: eliminación masiva de puestos de trabajo, en los que el único elemento de suspenso es la cantidad de despidos. Es una manera más de desviar la atención del sentido y las consecuencias de esos actos, de lo que encubren y de sus promesas irrealizables.

Lo único que puede detener esas prácticas es la ley, bajo la égida de la opinión pública a través de la clase política. Sólo la ley disuade sin violencia; sólo a ella se le debe rendir cuentas. Si se le viola, si se le burla por medio de reglamentaciones, ella puede contraatacar.

¿Cómo se puede combatir el desempleo si no se tiene siquiera el poder de controlar esos despidos iniciados legalmente en circunstancias por demás escandalosas, programadas fríamente, previstas en la gestión ordinaria de las multinacionales y todas las empresas que cotizan en la Bolsa? Estos despidos no sólo van de suyo sino que se les exige como prueba indispensable de *savoir-faire,* como tarjeta de ingreso al "club". Se les considera señuelos irresistibles para arrojar en las plazas bursátiles, fuentes de "valor" sin igual, generadores de ganancias incalculables, tanto más deseables por cuanto esas ganancias ya son importantes. Todo dentro de la ley. Una cortesía que se debe a los accionistas. Un *must* de la competitividad.

Y eso sucede sin sanción alguna. ¡Más bien, con felicitaciones! Como dijo un sindicalista en Clermont-Ferrand: "Por un lado, se hace de todo por dar prioridad al trabajo, por el otro, los patrones hacen lo que les viene en gana".[8] Efectivamente, aquellos que sancionan a la población de todo el planeta lo hacen sin trabas y en nombre de la "libertad": la suya, robada en detrimento de la de todos los demás; libertad para perjudicarlos en una sociedad bloqueada, sin fronteras reales salvo para los hombres y mujeres carentes de recursos; una sociedad desprovista de ciertas leyes indispensables, mientras que se ignoran fácilmente las normas existentes cuando molestan en el mundo de las multinacionales. Un mundo precintado, propiedad exclusiva de quienes lo devastan sin necesidad de recurrir a la violencia, hasta tal punto se ha consolidado su imperio, hasta tal punto dominan esta sociedad que se ha vuelto intolerable y, sin embargo, es la única tolerada. ¿No es ésta una forma de dictadura, reconocida o no?

Un asalariado "desgrasado" (expulsado de una de las empresas que se deshacen de la "grasa mala" que representan para ellas sus empleados) dijo por televisión: *"En otro tiempo ya era duro, había despidos cuando el negocio marchaba mal, era discutible, pero uno podía comprender; ahora se hace cuando marcha bien".* Otro se lamentaba: "¡Uno ya no sabe qué hacer para complacer a los patrones!" Pero sí: darse vuelta y contribuir a disminuir la fortuna de aquellos que consideran que los desempleados son unos inútiles... lo cual es ingrato, porque no sólo su despido les aporta cada vez una pequeña suma, sino que son, como dijimos, indispensables. Siquiera para ayudarlos a transformar una civilización de coacción basada en el trabajo asalariado en este extraño régimen de una dictadura basada en el desempleo y la degradación del trabajo.

[8] *LCI*, 21 de septiembre de 1999.

*Para los asalariados de una empresa* hay una gran diferencia entre los despidos "en seco" y la eliminación de puestos de trabajo "liberados". Pero las dos medidas afectan el futuro del trabajo de igual manera e indican la misma degradación. Juntas demuestran hasta qué punto la reducción de planteles, lejos de ser un inconveniente para las firmas, les traen ventajas previstas y reclamadas. También revelan cómo están integradas en su dinámica y cómo, con crecimiento o sin él, el trabajo ha perdido el lugar y la jerarquía que tuvo anteriormente.

Nadie ha señalado esto en las luchas por el trabajo, siempre centradas en criterios que ya no son válidos. De ahí los señuelos que falsean el juego, desorientan a la opinión pública y frenan de antemano las iniciativas tomadas con frecuencia a partir de ideas erróneas.

¿Cuál es el engaño esencial? Creer que empresa y empleo siguen estando estrechamente fusionados. Habría que ser ciego para no ver las pruebas recurrentes de que la empresa puede –cada vez más– prescindir del empleo, pero considera que no puede prescindir de reducirlo. Y no tanto por razones técnicas sino de orden, al fin y al cabo, especulativo y por la necesidad de mantener su prestigio en el mundo empresarial. Despedir, si es posible en cantidades masivas, significa para ella inscribirse en la ortodoxia ultraliberal, obtener ganancias espectaculares y a la vez granjearse una buena reputación en las plazas bursátiles.

¡Es dudoso que los empresarios despidieran y eliminaran puestos si pensaran que eso los perjudicaría! ¿Quién se va a marginar voluntariamente del club de los ganadores por pura bondad de espíritu? ¿Quién va a convencerlos de que renuncien a esas ganancias y beneficios con sólo "exhortarlos" a no ser malvados?

¡Seamos serios! Ninguna medida voluntaria dará resultado;

todas serán nulas e inútiles si dependen de la buena voluntad de aquellos que tienen motivos de sobra para no responder a lo que se espera de ellos, tanto más por cuanto se les recompensa por actuar de esa manera y en cada caso especulan con las ventajas que van a obtener. Sólo la ley puede erigir una barrera frente a esas exacciones. Sólo el derecho... o la acción directa, la calle. Ninguna "exhortación", ningún ruego piadoso, lección de moral o reprimenda tendrán el menor efecto.

Apelar a la buena voluntad de los empresarios es tanto más inútil por cuanto ellos mismos no pueden escapar del sistema, si es que lo desearan (como podría suceder en algún caso). El engranaje liberal no les deja elección; también ellos son meros peones (a la vez que beneficiarios) de este régimen inédito de vocación totalitaria. *Sin embargo, en lugar de ocuparse con urgencia de la suerte de los desocupados, los trabajadores precarios, de la población cada vez más numerosa que vive cerca o por debajo del umbral de la pobreza y los nuevos* working poors, *en lugar de buscar (esta vez en serio) trabajos para los lugares donde son escasos, los poderes públicos se concentran casi exclusivamente en los empresarios, como si fueran la gallina de los huevos de oro, dispensadora fecunda de empleos. Les ofrece una ganga detrás de otra: subvenciones, reducción de cargas sociales, primas y otros obsequios que no van acompañados de obligación alguna.* Y ellos se los embolsan sin andarse con remilgos ni prestar la menor atención a las condiciones (no obligatorias) que los acompañan, empezando por la tímida "esperanza" de que tomen algunos trabajadores. Nadie se asombre de que presten oídos sordos a esas "recomendaciones" formuladas con tanto tacto, a esas "exhortaciones" tan discretas, esas condiciones tímidamente insinuadas que más bien parecen pretextos. ¡Uno cree estar soñando al comprobar semejante *laisser-faire,* tal debilidad de voluntad frente a un problema crucial! Sueño que se transforma, ¡ay!, en pesadilla para muchos.

Otorgadas a empleadores que no toman sino que despiden trabajadores, estas subvenciones, estos beneficios, dicen mucho sobre la situación del mercado laboral y las quimeras acerca de la vocación de las empresas para dar trabajo. No es normal que se consideren necesarias semejantes contorsiones para (no) lograr que la oferta corresponda a la demanda, ni que por poco se financie el empleo de trabajadores, lo cual por otra parte se practica sin ilusiones, no tanto para obtener resultados como para fingir que se hizo el esfuerzo de obtenerlos.

La manera desvergonzada de hacer la corte a las empresas demuestra hasta qué punto consideran que el trabajo es innecesario. El desfase entre el señuelo de su preponderancia y su reticencia (¡un eufemismo!) es una de las causas de la desgracia actual y de la capacidad infinita de extorsión que conserva la economía privada. Asimismo, es una de las causas del *impasse* en el que la población terrestre debe evitar que la encierren.

El poder económico y sus subcontratistas políticos ejercen ese chantaje en todos los ámbitos –sobre la clase política, los asalariados y sus organizaciones, los desempleados, los pasivos y todas las estructuras sociales– debido a los poderes que les confiere el nivel de desempleo, acentuado por la sacralización del trabajo en su forma vetusta.

Cualquier empleo, desde el momento que borra una cifra de las estadísticas, aunque sea insuficiente para vivir, pagar un alquiler y alimentar a los hijos, y aunque se le considere despreciable, se supone que confiere cierta "dignidad" a quien lo ejerce. Cumplido el milagro, alcanzado el Grial, ¿quién se atrevería a hacer un reclamo? ¿Quién osaría juzgar o criticar el trofeo supremo, cuya obtención supone un apogeo casi inaccesible? Sólo cabe conservar ese puesto, temblar ante la posibilidad de perderlo.

¿Qué leyes se han promulgado para detener la oleada de despidos? ¿O siquiera para poner coto a esta permisividad desenfrenada? En Francia, a falta de leyes existía un control administrativo de los despidos: cuando superaban cierta cifra, se requería una autorización administrativa previa. Como hemos visto, ese control fue suprimido en 1986 y jamás restablecido; ni se habla de él. La ley no brinda protección contra el escándalo de los despidos arbitrarios, especulativos, que por otra parte permiten a los accionistas y especuladores recibir íntegramente los beneficios (inmediatamente registrados en la Bolsa) que obtienen de ello, mientras que los trabajadores despedidos, cuya desgracia es la fuente de esas ganancias, no obtienen la menor porción. Aquí hay una carencia legal.

Agreguemos que el Estado, y por lo tanto el contribuyente, "ayudan" a este escándalo al pagar una parte de los costos (parte de la indemnización por despido y todo el seguro al desempleo), mientras que las "fuerzas vivas", siempre audaces y dinámicas, hacen el esfuerzo de contar sus ganancias.

Nuevamente, tenemos una deficiencia legal. Afecta los nuevos procedimientos de despido, a las masas sistemáticamente marginadas por razones que no tienen nada que ver con el valor del trabajo de cada uno, ni siquiera con el interés concreto de la empresa, con su producción y sus beneficios reales dentro de su propio sector. Se trata generalmente de sociedades en plena expansión que en lo sucesivo, para acrecentar las ganancias obtenidas en el universo de la especulación, se deshacen de su personal. A esto se le llama crear "planes sociales".[1]

Si la ley es amorfa, ¿con quién o con qué se puede contar? ¿Con discursos? ¿Con conversiones milagrosas?

En todo el mundo se responde con esta epidemia de pseudoempleos con remuneraciones misérrimas, por debajo del umbral de pobreza o próximo a éste; la institucionalización del salario de hambre, el empleo precario o de tiempo parcial conducen a la aparición de los *working poors,* al trato de los adultos como chiquillos, a los trabajos destinados a embellecer las estadísticas cuando no a la neoesclavitud del *workfare,* y todos están obligados a someterse al desorden oficial sin siquiera poder ser solidarios entre ellos. Esta respuesta a la miseria del empleo se vuelve un empleo de la miseria, su explotación en aras de la locura bursátil y, no nos engañemos, la destrucción progresiva y acelerada del concepto mismo de sociedad.

[1] No es casual que esta expresión remplace hoy la de "despidos en masa", sustitución que pretende mostrar la calamidad que representa el desempleo como una muestra de celo social, de deseo de mejoramiento planificado. Esta reiteración constante cumple el papel persuasivo de una publicidad grandiosa que ninguna firma se podría permitir y que el público en general, pero sobre todo las víctimas del desempleo y los sindicatos, cometen el *gran error* de servirles en bandeja. Esto tranquiliza los espíritus a un grado mucho mayor de lo que se cree y retribuye en gran medida a banalizar y desdramatizar el desempleo. No es bueno prestarse a las trampas dialécticas del ultraliberalismo; son muy eficaces.

*Esta respuesta consiste en remplazar el desempleo por la pobreza.* Hemos visto a los Estados Unidos dar un ejemplo impresionante de ello, pero los estadunidenses no tienen ni de lejos la exclusividad del método, que se vuelve mecánico: el trueque del desempleo convertido en normal por la normalización de la pobreza.

Calificar este diagnóstico de "pesimista" equivale a considerar que la situación es inmodificable y que lo más urgente es maquillarla. Aquí sólo se trata de una constatación, un diagnóstico con el fin de echar luz sobre la realidad. El diagnóstico no es deplorable ni culpable de los hechos señalados. Si dar cuenta de algo fuera "pesimista", el optimismo sería artificial. O bien habría que repartir el optimismo entre los que crearon una situación desastrosa y ahora se deleitan en aprovecharla.

¿Optimismo? ¿Se puede llamar así a la sustitución de la realidad por una justificación para no inquietar a aquellos que se dejaron engañar por ella y supuestamente están en el cielo de la felicidad? ¿No será, más bien, enfrentar a un mundo al que se ha desmistificado y se le puede modificar? ¿O incluso confiar en el valor de la mayoría y saber que su único temor es el de creer que son los únicos que comprenden la dificultad de la situación y sus peligros? Y que evitan lo más aterrador: el miedo que provocan los consuelos engañosos, sabiendo que la mejor manera de liberarse de él, o vivir libre a pesar de él, consiste en enfrentarlo. Y mejor aún, saber que esa inquietud es compartida por otros, que están dispuestos a combatir.

¿Es pesimista este diagnóstico? No. ¿Subversivo? Sí. Porque toda situación descifrada, colocada bajo la luz y reconocida se vuelve modificable, se le puede combatir si uno logra fugarse de la esfera mágica en la cual aparece como irrevocable.

La dictadura consiste en instaurar este orden mágico que le permite imponer como solución única y eterna la que ella prefiere. Para derrocarla, hay que poner al descubierto la impostura, buscar sus orígenes, analizarlos y revelarlos, aunque esto no sea en absoluto agradable, sino todo lo contrario, porque es urgente deshacerse de ello.

Este camino deriva del optimismo y a la vez conduce a él. Tiene a su favor la existencia de esta opinión pública globalizada que se opone al ultraliberalismo y busca la manera de resistirlo. Conviene tener en cuenta que estamos en democracia, incluso bajo el yugo del ultraliberalismo y, puesto que la expresión democrática se realiza por intermedio de la clase política, exigir a los mandatarios que sintonicen con sus mandantes. Éstos no deben permitir que los candidatos, los funcionarios electos y los gobernantes desconozcan sus reclamos, no deben callar sino reaccionar, no dar crédito a la idea de una complicidad general y pasiva.

La función de los dirigentes políticos no es proteger una situación contra las reacciones de quienes la padecen sino proteger a éstos de aquélla. ¡No deben estar obsesionados por la preocupación de generar la cohesión social en torno de la destrucción de la sociedad y su concepto mismo!

Toda resistencia comienza por la lucidez, todo enfoque lúcido genera preocupación, por lo cual se le atribuye a la voluntad de "generar miedo". Todo alerta que denuncie la propaganda que conduce a lo peor, con promesas seductoras en las cuales nadie cree pero por las cuales todos se dejan adormecer, será calificada de pesimista porque disipa las ilusiones. Toda forma de resistencia será considerada un preludio a la "explosión social" con la cual fantasean las malas conciencias; en realidad, sólo la lucidez puede evitar esta "explosión" menos eficaz que el acoso, si no de la verdad, al menos de una exactitud implacable.

*Lo repetimos: muchos dirigentes políticos quieren rechazar los estragos de la dictadura del ultraliberalismo. Algunos esperan, conscientemente o no, que la opinión pública les exija cambiar de rumbo, no sentirse obligados a seguir el juego de moda, el de los más fuertes, convencidos de que no tienen adversarios.* Pueden hacerlo, pero para ello deben apoyarse en esta otra potencia en la que puede convertirse la opinión pública, demostrando ante todo que existe, que no se deja engañar, que los pueblos no han caído en la aceptación general y pasiva. Es la razón de ser de la democracia, cuyos métodos, a pesar de los intentos de ciertos proselitistas de hacernos descreer de su utilidad, aún son eficaces si uno se empeña en usarlos sin tener en cuenta esta intoxicación. Los totalitarismos siempre se han presentado como imbatibles. Esto siempre ha resultado ser falso.

Tan falso como el sentimiento de impotencia generalizada que logran despertar; tanto como la afirmación de que no hay alternativa a su imperio, hasta el punto de que la menor alteración de la estructura impuesta por ella provocaría el derrumbe del conjunto erigido por ella y que aparenta (falsamente) colmar la esfera de la realidad, fuera de la cual sólo existe el vacío.

¿Somos conscientes de que *jamás* se abordan los problemas fuera del campo de las restricciones impuestas por los dogmas totalitarios, jamás desde un punto de vista extraño a ellos? No se les visualiza sino a partir y en función de círculos viciosos derivados de los postulados que incluyen conclusiones inexorables, definitivas y triunfantes, producto de lógicas que se engañan mutuamente, se corresponden aisladamente y se sustentan sobre convenciones recíprocas internas: en una palabra, terroristas.

Con estas estratagemas el totalitarismo ha podido imponerse clandestinamente, sin conspiraciones, debido a una propaganda paciente, insidiosa, dirigida sobre todo a distraernos de aquello que pudiera volvernos conscientes de su presencia. Durante años se instaló a nuestra vista, inadvertido, sin provocar reacciones de nuestra parte. Hoy que se vuelve (siquiera vagamente) visible como realidad subyacente detrás de todas las decisiones, las estructuraciones y más aún las desestructuraciones, las mismas estrategias sirven una vez más para engañar, para presentar la situación como algo ineluctable, fatídico, no como el producto de una política muy concreta, muy precisa, a la que se puede combatir si se sale de su sistema cerrado. Se trata de denunciar, desmistificar, crear contrapoderes tan globalizados como esta dictadura sin dictador.

Una política verdadera, en especial de creación de puestos de trabajo, no debe hacerle el juego a semejante absolutismo, debería rechazar de viva voz tanto sus orígenes como sus consecuencias, en lugar de reconocerlos de manera vergonzante. Por ejemplo, está claro que las empresas, iniciadoras y a la vez beneficiarias de este nuevo orden, no tienen motivos ni intenciones de actuar como en la época en que el empleo, incluso el pleno empleo, les era indispensable. Una época en que ellas eran tan dependientes de él que se podía establecer cierto equilibrio de fuerzas.

Una política realista tendría en cuenta esta metamorfosis del empleo, esta mutación de una civilización que ya no está basada en el trabajo. Lo despojaría de esos valores arcaicos que aún se le atribuyen y liberaría a los que carecen de él, del oprobio y el castigo que se les inflige. Analizaría la realidad de una economía en cuyo seno las empresas ya no están atadas al trabajo, *ni siquiera a un capital,* sino que están sujetas a los flujos aleatorios y déspotas de especulaciones a las cuales sirven de sostén o pretexto, hasta el punto de que esa función se convierte en su vocación primaria.

Una política dinámica se abocaría a crear o recrear una sociedad verdadera mediante el restablecimiento de un gran número de profesiones, oficios y trabajos indispensables para la civilización, cuya ausencia le es patentemente nefasta. Daría prioridad al valor, a la utilidad real de las tareas, sin juzgar ni calibrarlas sólo en función de su rentabilidad. ¿Utopía? No. Es cuestión de trastocar las prioridades, como se ha hecho tantas veces en la historia. Y la prioridad más absurda, más estúpida es la que se otorga a la ganancia estéril de unos pocos, dispuestos a devastar lo que sea para obtenerla.

Una política laboral responsable daría prioridad a las personas, para que no fueran sacrificadas a la degradación, ahora institucionalizada, del trabajo, a la miseria de los salarios para quienes lo tienen, o al estrés y la desgracia para los desocupados. Eliminaría la perpetuación insensata de la vida asalariada en su forma caduca, que se obstina en prorrogar a contramano por razones perversas, al precio de tantos sufrimientos, extorsiones y humillaciones.

Una política consciente ayudaría a elaborar el duelo de una civilización que glorifica una extinción gradual, la cual se acelera mientras se conservan sus aspectos jerárquicos y autoritarios con toda su crueldad.

Sin embargo, en tiempos no lejanos había rebeliones contra las formas y condiciones laborales, vigorosamente cuestionadas y consideradas alienantes, aunque ahora se da por sentado que esta alienación sólo busca la integración. En ese entonces el desastre actual generado por la desaparición del trabajo hubiera parecido inconcebible, y es esta falta de previsión, que resultó tan nociva, la que se debe remediar, descartando los malentendidos que derivaron de ella.

Uno de ellos, y de los más graves, es el de no acordar prioridad al desamparo real, inmediato de los desempleados, que se extiende también a sus hijos, aunque ellos no figuran en las estadísticas. Habría que ser ciego para no ver hasta qué punto los desocupados son rehenes y cómo se somete a poblaciones enteras.

A partir de allí, todas las propuestas hechas a quienes tienen trabajo adquieren un sentido nuevo, más fácil de aceptar. Dar migajas del botín a algunos de los sometidos bajo el yugo es un método clásico de probada eficiencia. Concederles algunas baratijas para ganarlos al bando de los privilegiados siempre ha sido provechoso, pero hoy, refinamiento supremo, esas baratijas se han convertido en la inversión más rentable para quienes las otorgan, ya que no sólo hacen tabla rasa de todas las demás formas de ingresos sino que se convierten en la mejor arma disuasiva contra los opositores en potencia, convencidos de que están comprometidos con el sistema.

Aquí se advierte el interés que tienen para el ultraliberalismo ciertas asociaciones como las creadas por las opciones de compra de acciones, mediante las cuales los directivos convierten sus remuneraciones, de por sí considerables, en pequeñas fortunas, pero también otras, insignificantes a primera vista, por las cuales se pagaría en acciones una parte de los salarios o sobresueldos. De esta manera los empleados estarían asociados a las ganancias de la empresa, pero también a sus pérdidas, y más ligados a ella que nunca: asalariados que no pueden permitirse una inversión riesgosa de sus salarios ni una merma de lo que se les debe, y que no le cuesta nada a la firma que los emplea con semejante sentido de la distribución.

Con los fondos de pensión se va aún más lejos. Ya se conocen los daños causados por las empresas sobre las cuales ejercen hoy todo el poder y utilizan para fines especulativos, gobernando las decisiones de sus directivos que a su vez ejercen su dominio sobre los poderes públicos.

No obstante, se presta menos atención a la suerte de los pequeños poseedores de esos fondos de pensión, arrastrados a la connivencia precisamente con aquello que los amenaza. Puesto que sus jubilaciones futuras dependen de esos fondos, sus intereses los llevarán a apoyar el reclamo de los gestores que, para invertir en una empresa, exigirán una tasa de rentabilidad garantizada casi irracional, del orden de 15%. Es un compromiso casi imposible de cumplir, salvo que se recurra a métodos expeditivos para obtener beneficios inmediatos: de ahí la reducción del costo del trabajo y los despidos en masa con el excelente pretexto de mejorar las jubilaciones... de los asalariados que son víctimas de esos despidos. Se les coloca en la situación de reclamar aquello que los arroja a la ruina, alimentado por ellos: su propio despido, exigido en su nombre.

¡Es digno de admiración!

Tanto más por cuanto los dividendos extravagantes requeridos por los fondos de pensión exigen de las empresas una gestión drástica, replegada sobre sí misma y no sobre la producción ni las reacciones del consumidor y menos aún sobre una evolución normal y realista de la firma en cuestión. Los ahorros prohibitivos en función de las ganancias aceleradas tienen por objeto volverla competitiva, no en el plano de la calidad ni del juego comercial sino en el de la caza de inversiones especulativas, por nociva que fuese para ese juego o esa calidad.

En este caso no es la "economía de mercado" la que invierte sus ganancias en la especulación; es ésta la que invierte. Las dos se fusionan.

Estas empresas no vacilan en colocar sus ganancias en los mercados virtuales, en suscribir sus juegos de azar y mezclarse en ellos: se suman a los casinos y no operan sino en función de las ganancias que se les exigen, inmediatas, demenciales, a las cuales se deben plegar todos los intereses y ambiciones, descartando toda singularidad y divergencia. En última instancia, las empresas podrían dejar de existir ya que no se apuesta sobre sus activos reales, su gestión óptima en función de la calidad de sus productos, sino sobre sus títulos cotizados en la Bolsa, que tienen su propia existencia, independiente de esa calidad. No es la calidad la que determina el costo sino que el costo pasa por la calidad.

Al servicio de los fondos de pensión, de los cuales dependen de ahora en adelante, las empresas se ven reducidas a juguetes de sus humores especulativos, los cuales dictan a sus "directivos" –si aún se les puede llamar así– sus prácticas, modos de producción, objetivos y, por cierto, la cantidad de empleados. Desde ahora son gobernadas por los gestores de esos fondos, los llamados "inversionistas institucionales". Esta transferencia de autoridad se denomina *corporate governance:* "gobierno", en el sentido recto de la palabra, de especuladores que supervisan y dirigen todas las decisiones y orientaciones.

Este dominio del *corporate governance* sobre las empresas, sus estructuras, política y decisiones, recuerda el del FMI sobre las naciones a las que presta "ayuda" con la condición de que se sometan a él y que su gobierno corresponda estrictamente al modelo ultraliberal. Con la condición de que se dejen *colonizar* –las naciones o las empresas– por los representantes de un régimen que está a años luz de toda realidad siquiera mínimamente extraña a las ganancias producidas por las fluctuaciones de los mercados virtuales. Es fácil imaginar cómo se sacrifica, cual peones sin valor, a los hombres y a las mujeres, convertidos en fichas del tráfico financiero al cual se va reduciendo la vida en este mundo. Un mundo en el cual aparentemente no tienen cabida.

Así, la primera señal exigida para triunfar en la caza de los fondos de pensión, y por lo tanto en la de las ganancias desmesuradas, es la reducción del costo del trabajo, la aplicación encarnizada de estrategias destinadas a provocar despidos en cantidades igualmente desmesuradas.

Las pensiones dependientes de esos fondos lo serán, pues, del éxito de estrategias nefastas para sus poseedores, ¡que, sin embargo, no podrán sino desear su éxito! Y después de haber contribuido a éste, serán asociados de oficio e incluso por interés a aquello que provoca su despido. ¡Serán los *patrocinadores de su propio desempleo!*

Con plena complicidad.

No se repara en medios para introducir este sistema jubilatorio en los países donde aún no ha penetrado y que son renuentes a adoptarlo, como Francia. Se propondrán medidas a medias o incluso menores, disimuladas con nombres tales como "medidas de reserva", "fondos previsionales", "fondos asociados", entre otros eufemismos igualmente prudentes. Serán presentados con formas atenuadas, fragmentarias, edulcoradas, supuestamente provisorias, pero su objetivo será siempre el mismo: ¡cumplir el papel pérfido, conocido y eficaz de caballo de Troya!

Destaquemos aquí la firmeza, la decisión de la opinión pública y, hasta el presente, el éxito de esta resistencia sorda a los ataques, las incursiones, la voluntad de destruir las conquistas, frecuentemente disimuladas con el pretexto de querer salvarlas, como sucede en algunos países con las jubilaciones y en otros con el seguro social.

Jamás hay que perder de vista los *lobbies*. Desde antaño los poderosos *lobbies* del sector de seguros codician el sistema previsional de reparto, que representa para ellos (al igual que la salud pública) un lucro cesante intolerable, un cuerno de la abundancia del cual se sienten robados, despojados y cuyas riquezas acechan. Librarán una lucha encarnizada por penetrar en regiones como Francia, donde ya han invertido los fondos de pensión extranjeros, mientras los locales distan de aparecer espontáneamente entre los inversionistas.

¡No es casual el estupor desconsolado que rodea a estos traidores! Cualquier recurso será válido para ponerlos en vereda, excitarlos, avergonzarlos, denunciar su antipatriotismo sin tener en cuenta que son pocas las grandes empresas en las cuales está representada una sola nación, pero sobre todo que los gestores de esos fondos se cuidan bien, y con razón, de colocarlos en un solo país: los invierten en varios, con el único criterio del rendimiento. Así como en las empresas francesas hay una elevada participación de capitales extranjeros (alrededor de 45%), nada prueba que mañana los fondos franceses privilegiarán a Francia: no vacilarán en ir a empresas extranjeras si sus resultados prometen ser más espectaculares.

Tal vez una de las diferencias más notables entre los países radica hoy entre aquellos que han cedido al modelo hegemónico que el barón Seillière[2] llama perentoriamente "el mundo que existe" —el que le conviene a él, en el cual "no tiene nada de malo hacer lo mismo a un costo menor, con menos gente"[3]— y los que aún se resisten a ese mundo gracias, jamás nos cansaremos de destacarlo, a su opinión pública, cuya existencia, aunque no se haya manifestado plenamente, es lo bastante intensa para resultar perceptible y por ello eficaz.

Tal vez las cosas no estarían tan mal si esa "menos gente", licenciada con tal ligereza por el señor Seillière, si esa "más gente" rechazada por la empresa no quedara librada a su suerte en ese "mundo que existe" y si realmente se respetaran los derechos de esa "menos gente", ¡que en realidad es tanta gente! Y tantas vidas, cada una irrepetible.

En este caso, poblaciones que alguna vez tuvieron protección "de la cuna a la tumba" contra las peores consecuencias del horror económico se resisten a "ayudar" a la economía privada en la práctica del horror. Se oponen, tímidamente y sin la cohesión deseada, a que los más débiles consientan en alimentar el orden que provoca sus desgracias y prevé su marginación.

Se niegan a que la masa salarial sea reducida, amputada y sacrificada para *garantizar* las jubilaciones, a que sea *arriesgada* en esas inversiones azarosas que sólo pueden permitirse las grandes fortunas. Estas últimas son las mismas que acentúan los riesgos asumidos por personas que carecen de los medios y que, sin experiencia, quedarán a merced de las oscilaciones bursátiles, los eventuales *cracks* y fiascos diversos, la volatilidad de los mercados, la fragilidad de la "burbuja" financiera. Por no hablar de la incompetencia o la eventual deshonestidad de los gestores de esos fondos.

Los financistas conocen bien la fragilidad de la "burbuja"

[2] Presidente del Medef, antes la CNPF: ¡el encanto de las siglas! Dicho de otra manera, el "patrón de los patrones", definición desactualizada ya que las trampas ultraliberales con el vocabulario han trocado el término de *patrón* por el menos agresivo, más dinámico y digno de *empresario*. De todas maneras, como se habrá comprendido, se trata de lo mismo. [Las siglas significan respectivamente Mouvement des Entreprises de France y Confédération Nationale de la Patronat Française, la cámara patronal francesa. N. del T.]

[3] Sobre LCI.

financiera y aquella, mayor aún, de la "burbuja" especulativa. Tienen o creen tener los medios para hacer malabarismos con ellas. Los innumerables asalariados invitados a invertir en los fondos de pensión no son financistas ni especuladores profesionales, ni menos aún expertos; como aficionados, deberán navegar entre los escollos, los peligros y las perversidades de esos juegos caprichosos, por otra parte casi tan insolubles como los de los juegos de azar. En realidad no tienen razones para interesarse por ellos, ni menos aún los medios. Pero, sobre todo, lo que está en juego, su pensión, es de una importancia vital como para jugarla a la suerte.

A decir verdad, los asegurados convertidos en accionistas, lejos de estar "asegurados", pasan a depender de los riesgos asumidos por gestores en los cuales deberán confiar, con la esperanza incierta de no ser engañados en un terreno que desconocen.[4] Su pensión, en la mayoría de los casos el único recurso para su vejez, en lo sucesivo queda invertida en aventuras aleatorias y cuyo monto jamás estará garantizado, dependerá de una suma de factores *no asegurados* que la despojarán de la virtud cardinal de una pensión: la seguridad en una época de la vida en la que generalmente es imposible "rehacerse", cuando la suerte está irremediablemente echada... ¡Pura locura!

Por cierto que los mercados bursátiles y las especulaciones virtuales pasan por un periodo propicio y estable, incluso triunfal, insólito por lo prolongado. Pero el dólar, sobre el cual descansa todo, no es de una solidez a la medida de lo que representa. La deuda de los Estados Unidos es la más grande que se conoce. Los financistas y especuladores saben que están sentados sobre un volcán. Juegan a ello. No pensemos en un *crack* sino simplemente en uno de esos riesgos menores, aunque graves, en los cuales los profesionales de la especulación se juegan fortunas, conscientes de que si pierden pueden recupe-

[4] Esto recuerda el escándalo Maxwell en Londres. Después de la muerte del empresario, se descubrió que los fondos del Mirror Group habían desaparecido junto con las jubilaciones de muchos asalariados. La incompetencia de los gestores puede conducir a los mismos resultados, pero también se cometen maniobras más sutiles, menos fáciles de detectar que la de Maxwell (que, por otra parte, salió a la luz debido a su muerte prematura).

rarse, mientras que cualquier pérdida sería fatal para un dependiente de esos fondos de pensión si el momento de su retiro llegara a coincidir con una caída. Lo que es una bagatela para los especuladores, para ellos constituye su única posesión, el producto de todo su pasado y del cual depende su futuro, sus años de vejez.

Hacer malabarismos sin la menor seguridad con algo que debería estar asegurado raya en lo escandaloso. Es la pérdida, la confiscación de un derecho adquirido a la jubilación, a una serie de prestaciones determinadas y sin condiciones. Es el despojo de ese derecho por la economía privada en beneficio de la especulación. Los jubilados cuyo trabajo alimentó a las empresas dependerán de los azares de su gestión y de los mercados financieros.

¿Por qué no jugárselos en el hipódromo? ¡Sería más divertido! En lugar de permitir que los *lobbies* de las aseguradoras roben sus reservas para jugárselas en el casino, ¡jugarlas uno mismo a la lotería! En lugar de permitir que la economía privada manipule esta gran masa de ahorros individuales, así tomados a largo plazo y sin garantía. ¡Un método de usura inigualado!

*Cuántos* lobbies *tienen interés en que existan esos fondos, que por otra parte, lejos de fortalecer a las empresas, las obligan a obtener un rendimiento desproporcionado, las arrastran por caminos extraños, las privan de su identidad, de su verdadera función, las desestabilizan peligrosamente al arrojarlas al torbellino virtual en el cual sus activos reales, sus aptitudes, incluso su realidad carecen de interés. ¡Convierten a sus empleados en mecenas al sonsacarles los fondos que servirán para despedirlos!*

Ardid genial, que no sólo beneficia a la ganancia sino que la protege. Porque en comparación con esta iniciativa, el paternalismo de antaño (la especialidad de Michelin) o la era del crédito iniciada por el abuelo, cuya virtud era frenar las protestas, no eran sino juegos de niños. En lo sucesivo no se pedirá "civismo" a las empresas, sino que los ciudadanos serán enrolados por éstas como pseudosocios a la vez que verdaderos *sponsors*. Estarán más ligados que nunca al sistema ultraliberal, que podrá ejercerse a expensas suyas, no sólo sin oposición sino reforzado por una duplicidad generalizada.

Lo mismo sucede con las opciones de compra de acciones,[5] que se supone convierten a los asalariados en otros tantos socios de la empresa, partícipes de sus ganancias, amigos del directorio, en suma, pequeños patrones. ¿Cómo es posible, preguntan con estupor, que esos trabajadores meritorios no tengan derecho a las ganancias (ni a las pérdidas, pero para qué hablar de ellas si estamos en pleno crecimiento), su tajada de la torta, su merecido reconocimiento? ¡Error enojoso! ¡Compartamos! ¡Compartamos! ¡Con el corazón en la mano! ¡Todos siempre solidarios!

Con ello no sólo es fácil convencer a los asalariados de que todos los sacrificios serán buenos para que aumente la cotización de las acciones y que todo reclamo será desastroso para aquélla. Las acciones se volverán cada vez más el sueño del asalariado. Sueldos fijos, congelados, y todo aumento, todo sobresueldo, incluso una parte del salario, podrán ser negociados en términos de acciones a riesgo, sin que la empresa desembolse un centavo. Y sin riesgo alguno… para el empleador, ya que los empleados asumen todos los riesgos. Por una parte, el congelamiento y eventualmente la reducción de los salarios; por la otra, remuneraciones ni contantes ni sonantes, a vencimiento, sujetas a la buena marcha de la empresa, es decir, va de suyo, a la docilidad de los flamantes pequeños accionistas y la autoridad reforzada de "los que mandan". Ahorros inmediatos basados en beneficios eventuales, pero sin garantizar la compensación por las posibles pérdidas: pérdidas compartidas, salarios a riesgo. ¡Caricatura de sociedad![6]

[5] El caso de Philippe Jaffré, presidente y director general de Elf, que recibió en esa forma 230 millones de francos como indemnización por separación y agradecimiento por sus dudosos servicios, despertó gran atención. Pero, a semejanza del caso Michelin, estas prácticas no son excepcionales en ninguna parte del mundo; al contrario, son moneda corriente, siempre y en todas partes. En el caso Jaffré, provoca estupor que los asalariados de la firma, despedidos como él debido a una fusión –pero sin tener, como él, la menor responsabilidad en la conducción de los negocios ni nada que reprocharse–, recibieron a guisa de "compensación" los horrores del desempleo.

[6] "Socios sociales", extraña definición de la convergencia entre directivos y sindicalistas que toman sus deseos por realidades, suponiendo que los socios

Transformar el conjunto de la sociedad en un club de accionistas, jugarse "libremente" una parte del sueldo, acaparar la suma colosal de los ahorros individuales, usarla siempre "libremente", en particular contra sus propios poseedores, neutralizados por su alianza con esa manera de actuar: ¡apoteosis del ultraliberalismo!

Unir en un coro planetario a los accionistas que desconocen lo que se trama en su contra, pero que ellos sostienen, concentrada su atención en el éxito de aquello que los destruye: ¡magnífico!

Se ha dicho que "el hombre es el lobo del hombre": cada uno es lobo de los demás. ¿Se convertirá al hombre en lobo de sí mismo, socio de los lobos que buscan destrozarlo?

están tan unidos en las cuestiones sociales, son tan buenos camaradas en el seno de una asociación benéfica, que actuar como adversarios será dar pruebas de una agresividad de la peor mala ley. Decididamente, la ideología ultraliberal presta mucha atención al lenguaje, y con justa razón. Pero, ¿por qué habremos de aceptar esos hallazgos semánticos? ¿Por qué no estipulamos que son "interlocutores sociales", que no tienen otro motivo para reunirse que el hecho de no estar de acuerdo, que sus intereses son divergentes, que, por lo tanto, no son socios y se enfrentarán sin llegar forzosamente a un acuerdo?

*"¿Cuál es el bien que deseamos?"* Ésta es la pregunta que deberíamos poder hacernos constantemente en lugar de preguntar cuál es el mal del que deseamos escapar con la mayor urgencia. "¿Cuál es el bien que deseamos?" Pregunta vedada: ¡habría que ver de pedir algo superfluo, una norma favorable, ni qué hablar de una existencia cautivante, armoniosa, cuando lo indispensable es conseguir un artículo que está en vías de desaparición! ¿Es razonable preocuparse por las condiciones de trabajo o de vida cuando hay que rogar y remar tanto para conseguir empleo en un mundo donde la supervivencia depende de él, pero donde es tan escaso?

"¿Cuál es el bien que deseamos?" Sin embargo, es el exceso de oferta lo que debería preocuparnos. Esta época de la historia, nuestra época, tiene una capacidad inédita de beneficiar a la gran mayoría, gracias a las fabulosas tecnologías nuevas, una capacidad de ofrecer abundantes posibilidades de elección de vida en lugar de agotarlas.

Sin perderse en la utopía ni fantasear sobre un paraíso terrenal, hoy sería posible imaginar que sería lícito vivir de manera más inteligente, incluso amena, ya que al verse liberado de tantas restricciones cada uno encontraría su lugar. Los medios existen. Los hemos *conquistado.* Nuestra especie los conquistó. Se dejó despojar por unos pocos que los han acaparado o pervertido. Pero puede recuperarlos.

Liberado por la tecnología de la mayor parte de las tareas penosas, ingratas o carentes de sentido, cada uno podría y debería estar infinitamente más abierto a las oportunidades ampliadas... y no, como ahora, ampliadas al desempleo. Oportunidades de ser activo en un mundo donde no hay razones para poner tasa a los dones y las inclinaciones, antes puestos al servicio de tareas que ahora realizan máquinas. Se les podría tener en cuenta o al menos darles la oportunidad de consagrarse a valores y necesidades reales, sin vínculos forzosos con la rentabilidad.

Hoy debería desarrollarse como nunca la práctica de oficios, profesiones y empleos indispensables, pero cuya escasez se vuelve paradójicamente cada vez más patente. La gran mayoría está preparada, tiene la capacidad de ejercerlos gracias a la educación gratuita y obligatoria junto con la democratización de los estudios. Ahora bien, se advierte cómo una parte de esos empleos se desvanece con rapidez vertiginosa, o bien se convierte en caricaturas de empleos, pagados con promesas vanas; pero, por otra parte, se descartan, se descuidan oficios y profesiones sin tenerlos en consideración, condenados como lujos extravagantes, trastos viejos, trampas para el déficit y el despilfarro, el colmo de la no rentabilidad. La prueba concreta es que no hay salvación fuera de los senderos de la especulación.

Es alucinante comprobar que en estos tiempos de lucha contra la desocupación y por el empleo hay profesiones enteras carentes de efectivos. A tal punto es así que, en el caso de los colegios secundarios, estudiantes y profesores salen juntos a la calle para reclamar un número mayor de docentes, personal cuya carencia es tan evidente como angustiante. La respuesta, clara o indirecta, es siempre la misma: demasiado caro. El cometido de la Unión Europea es reducir los gastos públicos. Y seguir eliminando puestos de trabajo y reduciendo virtuosamente los planteles. O, cuando la protesta comienza a generar desorden, utilizar a los suplentes sin efectivizarlos a la vez que desalojamos a los viejos profesores, quienes tendrán en común el salario de hambre y la inestabilidad laboral. La suerte que aguarda a tantos estudiantes por más que traten de escapar.

¿Es razonable que la vida económica dependa de una lógica que permite –¡que "obliga", según algunos postulados!– deshacerse de hombres y mujeres como si fueran trapos viejos, en lugar de reexaminar el sistema que propone semejante lógica? ¿Debemos continuar el regreso al siglo XIX, exigir una forma de sociedad caduca y retrógrada, en lugar de adaptar la realidad a las necesidades de los seres vivos?

No se trata de soñar sino de despertar de una pesadilla. Soñar con un mundo donde sería posible acabar con las economías falsas, las reducciones perversas, por ejemplo, de la calidad de la educación, contando con la brevedad de la juventud para que cada año los nuevos deban empezar de cero, tan poco resignados como sus antecesores pero, como ellos, ¡con tan poco tiempo para defender los largos años de su porvenir!

Aquí nuevamente se pone de manifiesto la urgencia con todo su patetismo. Estos jóvenes que durante sus años de estudios deben luchar para defenderlos y defender así todo su futuro con tan poco tiempo para hacerlo, saben que este periodo de oportunidades es limitado, que no se renovará y que todo el curso ulterior de su vida dependerá de él. Combatidos hasta la extenuación, son conscientes de lo que tienen para perder. Todo. Saben que un revés los expone a muchos peligros, a la marginación, aun cuando los estudios no significan una garantía para el porvenir.

En Francia, la escolaridad gratuita se extiende hasta la universidad, lo que en este momento es cuestionado por los *lobbies* con el apoyo de ciertos mandarines. ¡Escuchemos su propaganda! Comprobemos su aflicción al ver tanta juventud sacrificada a un saber no destinado exclusivamente a abrirles las puertas de las empresas (las cuales de todas maneras pueden permanecer bien cerradas), arrastrada a los arcanos de un conocimiento que, decretan, jamás les será útil. Y que, se adivina, no deberían ir a ninguna parte, jamás mezclar sus pasos con las de sus elites privilegiadas sino limitarse a aprender a conocer su lugar y quedarse ahí. Así se podrá condicionar al ganado a seguir a la manada.

Un sistema a dos o más velocidades: tal es la clave de esta filosofía de la educación que a partir del secundario sólo favorece a cierto número de alumnos. Muchos jóvenes a los que se orienta arbitrariamente hacia las escuelas secundarias técnicas lo toman como una señal de descenso social, una sentencia que los condena a un destino estrecho, subalterno. Ni el ambiente ni el equipamiento de esas escuelas ni el plantel de profesores contradicen ese juicio. Puesto que la escuela no es rentable, ¡malditos sean los profesores, maldita la tradición de que todos los niños deben tener las mismas oportunidades! Al menos, en teoría.

Esos niños saben que ya están "clasificados". ¿Cabría decir "desclasados"? Hay quienes dicen que no hay nada más racional y provechoso que las escuelas técnicas:[1] habría que preguntarles dónde estudian sus hijos y los de sus vecinos. Preguntémonos cuántos alumnos de las escuelas técnicas y las tan apreciadas terciarias pertenecen a las clases adineradas o siquiera acomodadas. La respuesta es que todos pertenecen a los sectores de menores ingresos. ¡Uno hasta podría indignarse de que estos últimos hayan acaparado semejante privilegio, tan elogiado en los discursos de aquellos que evitan esos lugares y se sacrifican al prodigar a sus hijos una formación humanística o científica en los mejores establecimientos!

Contemplemos la mirada de esos niños que tienen "derecho" a las escuelas secundarias y terciarias técnicas. Es una mirada triste, resignada, propia de quien ha descubierto que no hay rebelión posible. De renuncia a una parte de sí mismos, de aceptación de una derrota que presienten es apenas la primera. Es la humillación de verse separados de sus amigos que irán al bachillerato, del cual se saben definitivamente excluidos, así como saben que se les enseñará por lo menos una cosa: la resignación.

¿Se resignarán a la resignación? ¿A esta segregación arcaica? Porque a propósito de arcaísmos, éste es uno que nos devuelve a la época de la nobleza, a un clima en el que reina un Estado de hecho considerado inmutable, que disocia a los "humildes" de la elite por derecho divino. Esos arcaísmos aparecen allí donde más se hace alarde de "modernidad".

Aquí no se trata de aprobar ni menos aun establecer una jerarquía de las profesiones sino, por el contrario, constatar el desprecio en que se tienen algunas de ellas, la disparidad del trato acordado a los distintos sectores en detrimento del sector "profesional". Si es verdad que aquí no existen jerarquías, como proclaman con entusiasmo aquellos que quieren imponer ciertas profesiones a algunos niños y negárselas a otros, no hay motivo para que cada joven, cualquiera que sea su vocación, no tenga acceso a una formación tan completa como los demás. Marginar a algunos de ciertas profesiones equivale a

[1] Son los mismos que en la década de 1970, apóstoles de la moda de entonces, postulaban líricamente, con ojos extáticos, el regreso al "trabajo manual"... para los hijos de los demás.

rotularlos de antemano, amputar ciertas posibilidades de su porvenir, desclasarlos desde la infancia debido a la falta de recursos de sus padres. Se supone que la escuela republicana ofrece a todos las mismas oportunidades, lo cual sin duda es una ilusión, pero le ahorra a uno el trabajo de demostrar lo contrario.

No se puede aceptar esa arbitrariedad de una distribución determinada sin relación alguna con la identidad, los deseos y las potencialidades de los niños. Su suerte depende de ello. Si se puede adivinar quiénes serán los alumnos con mayores "probabilidades" de ser orientados hacia las escuelas técnicas, es más fácil aún saber cuáles no llegarán, cualquiera que sea su nivel. Es una señal de *apartheid* precoz, que no depende en absoluto de la inteligencia del niño sino de su origen social. Eso es lo más repugnante de todo.

Se objetará que entre los marginados, algunos tal vez hubieran elegido la orientación que se les impuso. Pero si pertenecieran a otro medio, su familia no hubiera aceptado, ni siquiera les hubiera propuesto esa posibilidad. Lo cual hubiera sido una decisión prudente de la familia, ya que el carácter restrictivo de la enseñanza técnica representa una desventaja. Ni siquiera se justifica por las oportunidades de trabajo que pretende ofrecer al preparar masivamente a sus alumnos para ingresar en empresas que los necesitan cada vez menos y, por el contrario, reclaman gente de alta formación. Estos niños y adolescentes habrán sido formados, cabría decir pulidos, en vano, entre otras razones para que los niños de los medios privilegiados cuenten con mayor espacio, más docentes, así como la exclusividad de ciertas escuelas, exámenes y posibilidades para su futuro.

Es verdad que también los jóvenes o adultos con buenos diplomas sufren cada vez más el desempleo,[2] lo cual no deja

[2] Se conocen muchos casos de jóvenes –y de adultos– con grados e incluso posgrados que sólo obtienen trabajos subalternos, que deben aceptar para poder sobrevivir. Paralelamente, se conoce el alto grado de estudios exigido para puestos que no los requieren y se sitúan en lo más bajo de la escala salarial. Por ello los candidatos no calificados (graduados en las escuelas técnicas) no podrán obtenerlos. Es una política de sórdidos ahorros ultraliberales basados en el descalabro de una civilización y del futuro de las próximas generaciones.

de suscitar dudas en todos los medios sociales, hasta los más privilegiados, acerca de las bondades de la política mundial vigente. Esto no se debe a la enseñanza general que reciben sino a la sociedad anacrónica, cerrada, que los espera. O, más precisamente, que no los espera.

Lejos de ser considerada un acto de extrema gravedad, la orientación escolar tiene lugar a una edad demasiado temprana. Se sabe hasta qué punto la capacidad, las tendencias generales y los verdaderos gustos que deberían orientar la vida del niño se modifican y con frecuencia se revelan a una edad relativamente tardía, causando más de una sorpresa. Se les debería permitir todas esas oportunidades. Privarlos de ellas a una edad tan temprana es una estupidez o bien responde al deseo de desembarazarse de ellos lo antes posible.

La llamada formación humanística o de cultura general es de importancia crucial, incluso y sobre todo en la era de la especialización estrecha. Si una parte importante –el sector pobre– de la juventud no parece estar en condiciones de acceder a ella, la responsabilidad recae sobre la sociedad; no hay razones reales y válidas para suponer que los niños de un barrio están genéticamente mejor dotados que los de otro. Eso se puede remediar, y tanto las dificultades que aparecerán como la revisión de estructuras a la que dará lugar su resolución significarán una buena oportunidad para restablecer un mínimo de normas y orden sociales. Por encima de eso, permitirán combatir diversos factores que contribuyen a las injusticias de las cuales las escuelas técnicas son un síntoma a la vez que un símbolo.

Esa segregación extraoficial que provoca la marginación de ciertos grupos en modo alguno servirá para preparar para la vida a quienes más necesitan la orientación escolar. El único medio para armarlos, estimularlos y protegerlos consiste, una vez más, en inculcarles todos los valores reales que sea posible, no convertirlos en herramientas baratas consagradas desde la infancia al servicio de las empresas... que, por su parte, prefieren robots.

Esta preferencia no tiene nada de insensata, ni siquiera desde el punto de vista ético. ¿Por qué habría de dedicarse un hombre o una mujer a las tareas que puede realizar una máquina? ¿Por qué desperdiciar la energía humana en esos menesteres en vez de abrirle espacios más gratificantes? *Los perjuicios ocasionados por las máquinas no provienen de éstas sino de obligar a los seres humanos a competir con ellas* y de inaugurar una nueva era mientras se abandona a éstos entre los vestigios de la anterior. En el marco de una organización social que no corresponde al contexto actual, pero que permite con mayor eficacia mantener bajo el yugo, sin darle salida, a una población convertida artificialmente en redundante.

No es en absoluto sorprendente que se suprima para algunos esta formación humanística cuyos verdaderos objetivos son agudizar el espíritu crítico, adquirir conciencia del propio yo y de que uno tiene derecho a que lo respeten. ¡No es un asunto menor que todos puedan acceder a las disciplinas que permiten la realización de las potencialidades humanas, del posible milagro humano, y hacerlo a través de tantas voces desaparecidas pero presentes, que la humanidad escucha, asimila y repite desde hace tanto tiempo! La educación real brinda los medios para vivir la vida, ¡no sólo para "ganársela"!

¿Cómo se atreven a suprimir aquello que da acceso a esas vías en una época en que la formación, la comunicación y la transmisión se vuelven técnicamente más fáciles y al mismo tiempo cada vez más inaccesibles, precarias, privando a algunos de la posibilidad de una existencia impregnada del sentido de la vida? Lo único que se ofrece a todos es la publicidad. Como decía una de las "autoridades" del sector, "la publicidad es generosa porque se ofrece a todos sin exclusiones".[3]

Dejando de lado algunas situaciones muy particulares, limitar el número de disciplinas y la importancia acordada a cada una perjudica la formación. La intercomunicación y la porosidad interdisciplinaria son esenciales. El acceso a la capacidad de razonar, criticar, la iniciación en el ejercicio del pensamiento: ése es el verdadero dominio, la vocación real de la educación. El privilegio real de la infancia, la adolescencia y la juventud es pasar esa época de la vida en ese reino, acceder democrática-

[3] Maurice Lévy, director de Publicis, LCI, 1999.

mente a él. No que se disponga de él como de un peón que servirá como herramienta para el lucro (que también puede prescindir de él) o bien no servirá para nada.

La autora de estas líneas creerá en las virtudes de la enseñanza técnica cuando la adopten aquellos que ahora bregan por enviar a sus niños a los bachilleratos más prestigiosos. Cuando los ministros inscriban en ella a sus hijos. Nadie la convencerá de que el conjunto de alumnos encaminados a la obtención del certificado de estudios "técnicos" está en el lugar que le corresponde ni que ese lugar deba existir. Sería mejor que ese "sector" desapareciera y que todo el mundo recibiera algo de enseñanza "técnica", tal como sucede con la educación física.

Así, los canteros de las "fuerzas vivas de la nación" están reservados para los retoños de las "fuerzas vivas" en ejercicio y los de su misma clase social. Los demás están destinados a ser sus subordinados. ¡A esforzarse por llegar a serlo! Por no ser marginados de esa situación.

A decir verdad, cuanto menores son los recursos materiales de un adolescente, mayor es su necesidad de adquirir un espacio mental vasto y estructurado, de tener acceso a las regiones fascinantes del pensamiento, generadoras de emociones, que le permiten valerse por sí mismo y agudizan su sentido crítico, lo vuelven más apto para saber cuándo decir que no, para crearse una vida que no dependa exclusivamente de circunstancias extrañas a su propio yo. Que lo arman para no ser menos que aquellos que creen tener todo el poder sobre él, incluso el de considerarlo despreciable, superfluo y hacerle creer que lo es. Lo arman para rechazar esa situación y estar en condiciones de hacerlo. ¡Se comprende el interés de algunos por impedirlo!

En resumen: la enseñanza discriminada, no justificada por razones particulares, es una iniquidad mayor, antirrepublicana, tanto como el cinismo hipócrita que pretende negarlo. Significa que algunos individuos, debido al medio de donde provienen, accederán a una educación limitada al mínimo de posibilidades, reducida a la formación de aprendices, mano de obra subvencionada durante cinco años que se entregará a las empresas, las cuales se desembarazarán de ella una vez terminado el periodo de subvención sin haberlos formado sino apenas utilizado. ¡Y cuántos de los que toman este camino para ingresar más rápidamente en el "mundo del trabajo" se encontrarán en el del desempleo!

De esa manera, la sociedad escuela-empresa alcanza la cima de lo antirrepublicano. Considerada desde luego virtuosa, crea en el seno de la educación pública financiada por todos un espacio arbitrario de no enseñanza general, un gueto. Allí la escuela se encarga de inculcar la desigualdad social, privar de una gran parte de la formación a los niños más pobres, condicionar para una vida subalterna a los "menos bien nacidos" excluidos de una enseñanza originalmente destinada a todos y acaso particularmente a ellos, ya que es el único lugar donde tendrían acceso a sus disciplinas. Un cúmulo de conocimientos, pero sobre todo una visión, una concepción del mundo vinculada a valores que no giran en torno de la rentabilidad. Valores que pueden darle valor a la vida.

Valores peligrosos, como se ve...

¿Dónde se encuentra el tesoro de una enseñanza verdaderamente laica, es decir, lo más objetiva posible, no sujeta al nuevo catecismo: una ideología que decreta jerarquías inflexibles y prevé vidas desperdiciadas de antemano, las de niños marginados de casi todos los sectores de la sociedad?

Hasta hace poco tiempo, la intromisión de la empresa en la escuela para imponer la ideología ultraliberal en un lugar laico y neutral por principio hubiera parecido una regresión inconcebible. Hoy aparece como un síntoma de la moda política que consiste en adaptarse al más fuerte, acentuando al mismo tiempo la distancia que lo separa de los demás. Esta irrupción permite sacarle lustre al trabajo insidioso de un régimen al que si no le interesa tener material humano a su disposición, en cambio prefiere marginarlo lo antes posible y sin complicaciones.

Separada oficialmente del trigo, la paja será "instruida" en la resignación, preparada para considerarse subalterna, convencida desde el comienzo de su propia inferioridad. Sobre todo, será condicionada a no buscar una salida distinta de la muy estrecha que le es concedida. Así estará dispuesta a aceptar el salario y las condiciones de trabajo o de desempleo que se tendrá a bien concederle. El camino quedará expedito para los jóvenes provenientes de medios más prestigiosos.

¿Qué puede haber de democrático y republicano en esta segregación precoz, que provee a la economía de mercado de material humano garantizado "listo para el empleo"... o el desempleo?

Así avanza la "modernidad", descubriendo principios que pueden parecerle nuevos, pero en realidad evocan extrañamente a otros: desde el comienzo los pobres deben conocer su lugar y permanecer en él, venerar el empleo, trabajar aunque no haya trabajo y, en este caso, permanecer en la pobreza, dejando a salvo su honor de pobres pero laboriosos. ¡Qué ideas tan originales, qué gran progreso! Con todo, hay algo que deplorar: el principio arcaico de la igualdad aún está grabado en las fachadas de las alcaldías municipales y el de la igualdad de oportunidades aún aflora en los mejores discursos.

Privar brutalmente a algunos niños de los derechos conquistados con tanto esfuerzo por hombres y mujeres a lo largo de la historia no sólo es una violación de las garantías inscritas en los más elevados principios de la República, sino que nos empobrece a todos.

Éste es apenas un ejemplo de cierta avaricia contemporánea, de una rapacidad que reniega de las conquistas logradas, posibles y mejorables, y conduce a la institución de una sociedad cuya supervivencia misma está amenazada por su propia, creciente mezquindad.

¿De qué esperanzas vive y quiere que se viva el club ultraliberal? ¿Qué porvenir visualiza, si no es el de algunos mandones y rentistas achispados?

¿A quién puede parecerle normal que en estos tiempos de desempleo, tantos profesionales (no sólo estudiantes universitarios y secundarios) salgan en manifestación o se declaren en huelga, no para reclamar un aumento de salarios sino para obtener un mayor número de efectivos, indispensables para la realización eficiente de sus tareas, que en muchos casos incluyen la seguridad pública? Uno quisiera creer que se trata de un malentendido, una confusión momentánea. ¿Cómo? Se escucha hablar de la lucha contra el desempleo, de dar prioridad al trabajo, y resulta que hay tantos puestos de trabajos vacantes. Sin duda, es un error. Esperamos los agradecimientos: "¡Gracias mil! ¡Qué amabilidad la suya de indicarnos que hay semejantes 'yacimientos' de puestos de trabajo lamentablemente descuidados! ¡Un descuido, nada más! ¡Nos ocuparemos!"

Pero no. Tras reprender suavemente a los empresarios que despiden para impulsar el crecimiento económico, los dirigentes políticos recurren a sus viejos catálogos de pseudoempleos, placebos que si bien alguna vez logran reducir mínimamente las estadísticas, sólo sirven para cambiarle la cara al desempleo mientras subsiste la pobreza, ahora institucionalizada. Y se perpetúa la inseguridad.

De ahí tantas energías y destrezas "empleadas" (¡cuando lo son!) para dar la impresión de que sirven para algo. O el remplazo, con mucha rebaja, de un profesional al que habría que dar la titularidad con una remuneración digna y en lugar de ello se le condena al desempleo. ¿Cuántos pasantes con salarios ínfimos tienen puestos que hasta hace poco correspondían a contratos por tiempo indeterminado, con remuneraciones normales? Y una vez terminada la pasantía, esos jóvenes no serán confirmados sino que volverán a encontrarse con los profesionales a los que remplazaron temporalmente en las colas de la agencia de colocación.

¿Qué pensar de esas reducciones de efectivos en la función o el sector públicos con la complicidad de un gran sector de la población al que en estos casos le parece una medida acertada? ¿Es razonable o incluso normal pretender la supresión (o siquiera la reducción) de desempleo y a la vez lanzar semejantes ataques contra el empleo en su única forma todavía protegida? ¿No sería más lógico evitar semejante obstrucción de soluciones?

En todo caso, sería razonable pretender que uno pueda formular estas preguntas sin provocar esos chillidos demagógicos, las consabidas y sempiternas denostaciones contra los "empleados públicos". Éstos son remunerados abiertamente por el Estado, es decir, por los contribuyentes, para realizar tareas en principio muy válidas (si se piensa que están mal realizadas, ése es otro problema, que se puede resolver), pero hay otros, en sectores muy distintos, que lo son generosamente, aunque no de manera oficial, sin ofrecer nada a cambio sino despidos: desde los directivos con sus opciones de compra de acciones casi exentas de impuestos hasta los empresarios que reciben subvenciones y comisiones para (no) tomar mano de obra, pasando por otros beneficiarios privados del tesoro público.

Pasemos por alto las ganancias fabulosas obtenidas en la Bolsa debido a los despidos. Ahora están a cargo del Estado —por lo tanto, de los contribuyentes—, que financia en gran parte las indemnizaciones por despido, la totalidad de las asignaciones por desempleo y que, como broche de oro, se verá privado de los impuestos futuros de los depredadores si éstos deciden mudar su empresa.

Éstos son algunos ejemplos entre muchos de cómo se desvía nuestra atención por medio de acusaciones débiles, frecuentemente infundadas, contra la función pública.

No está de más recordar que en el sector público se puede reaccionar, manifestar y hacer huelga sin correr el riesgo de perder el puesto, peligro que suele paralizar al sector privado. Recuérdense las huelgas del transporte de 1995 en Francia, de la gratitud expresada por los usuarios, a pesar de los inconvenientes, al ver expresadas sus protestas por quienes aún podían hacerlo. De ahí el interés de ciertos sectores de reducir o anular ese espacio en el que aún se puede protestar.

Pero, sobre todo, ese sector público considerado no rentable, porque no da ganancias a la economía privada, es codiciado por ésta, impacientada por ese lucro cesante.[4] La hostilidad mencionada antes sin duda deriva de esta impaciencia, y en todo caso le sirve. Da sus frutos y, como se ve, *apenas obtenidas las privatizaciones, la economía privada se apodera de esos sectores supuestamente "liberados", elimina puestos de trabajo, degrada la jerarquía y las condiciones de trabajo, reduce los sueldos de los empleados a los que había vilipendiado por medio de su propaganda.* Las privatizaciones, neoprivatizaciones y

[4] Naturalmente, esto no incluye las grandes inversiones en infraestructura, pagadas por la comunidad, sino los sectores jugosos o que se han vuelto rentables gracias a los grandes esfuerzos del Estado.

preprivatizaciones, lejos de mejorar el uso, la calidad o la eficiencia de los empleos, los suprimen de manera drástica en detrimento de los usuarios.

En Inglaterra, donde se privatizó el transporte ferroviario, un descarrilamiento trágico como el de Paddington a fines de 1999 pudo aparecer como consecuencia de esta política, si bien, desgraciadamente, tales catástrofes suceden en los países donde los ferrocarriles siguen perteneciendo al Estado. Sobre todo permitió que se sacara a la luz el desorden alucinante, las anomalías y las aberraciones de una red otrora normal, desregulada en todos los niveles, según criterios desastrosos tanto para la seguridad como para las comodidades a las que hasta entonces tenían derecho los pasajeros.

Siempre la misma inquietud desgarradora: hacer más y más ahorros. Abocarse a "economizar" a costa de una decadencia evidente. Y siempre las mismas preguntas: ¿Por qué? ¿Con qué fin? ¿En beneficio de quién o qué, si no es de la pura ganancia? Porque, una vez más, ¡la razón no está en quiebra!

Economizar en los gastos públicos, en el costo del trabajo, se convierte en una tradición considerada tan indispensable como virtuosa. Un fin en sí mismo. O si hay un fin, es el de erradicar puestos de trabajo, eliminar ciertos derechos y la mayor parte de las garantías, así como la esperanza de conocer una vida digna, asegurada, protegida, aunque no lo sea por la fortuna o la posición social.

Los fondos liberados por el ahorro en sectores vitales también serán invertidos en la especulación, para ofrecer a unos pocos una plusvalía colosal en tiempo récord, el de las operaciones en torno de las cuales se ordena todo.

*¿Qué sucede hoy* con los consumidores, a los que se atribuye una misión inamovible, una de las últimas que se nos concede: la función "real" del consumidor? ¿Cuáles son sus poderes? ¿Cuál es su influencia sobre la economía privada?

¿Cómo se concilia la economía de mercado con la expansión espectacular de la masa de personas que viven cerca o debajo del umbral de la pobreza, incluso en los países ricos? ¿Cómo puede permitirse ese lucro cesante, esa pérdida de consumidores que se acrecienta debido al desempleo, la pobreza de las indemnizaciones, los trabajos precarios mal remunerados, así como la "moderación de los salarios"?[1] Por su bien, ¿no le convendría frenar los despidos e impulsar el aumento de los salarios y la ayuda social? ¿No debería liberarse de la inhibición generada por su propio pánico a la inflación, la cual no constituye en absoluto la amenaza contra la cual se defiende, pero le hace temer cualquier tendencia al aumento de las remuneraciones, a la ampliación demasiado veloz del consumo?

En verdad, el problema ya no se plantea en estos términos. Problemas que son esenciales para la economía de mercado no tienen la misma importancia para la economía especulativa que la domina y desplaza cada vez más, encerrando al mundo empresarial en un universo virtual donde adquieren una autonomía mayor con respecto a los asalariados y los consumidores.

Privarse de éstos sería imposible para la empresa si su carácter no hubiera cambiado, si no dependiera de los inversionistas tanto o más que de los clientes, si su valor no se distanciara cada vez más de la producción para depender de la productivi-

[1] Nuevo descubrimiento de nuestras preciosas ridiculeces. La "moderación" en cuestión se refiere al congelamiento o la rebaja de los salarios, pero da a entender que los patrones deben reprimir su impetuosa generosidad, que los llevaría a cometer locuras, a verter lluvias de oro sobre sus desconcertados trabajadores, los cuales no pueden sino aprobar la prudencia de la "moderación".

dad. Este valor no depende tanto de los activos reales, los negocios tradicionales, los productos que ofrece, como de su capacidad para interesar a los mercados financieros. Es decir, del lugar que ocupa en las fantasmagorías especulativas.

Ya no se trata como antes de convencer al mayor número posible de personas físicas de que elijan y adquieran sus productos concretos o servicios; se trata de atraer el deseo abstracto, volátil, de las plazas bursátiles y los inversionistas, interesados solamente en convertirla en un producto virtual.

Estamos lejos del consumidor. Antes pilar de la empresa y el comercio, por lo tanto vector de las ganancias, sus deseos "reales" eran ley. Hoy es él quien debe adaptarse a las adaptaciones de sus proveedores a su nuevo destino. Unos proveedores que ya no se distinguen en el seno de multinacionales que los monopolizan, y así reducen los riesgos de que se les escapen las ventas. Antes, gracias a la competencia, los clientes podían estimular la calidad y variedad de los servicios y productos que se disputaban sus favores; ahora esto se ve limitado por la uniformidad de los productos presentados bajo una multitud inigualada de etiquetas. Ante unos productos cada vez menos diferenciados, la elección se guía por la publicidad, que estimula sobre todo el deseo general. El cliente o usuario pierden importancia: cualquiera que sea la marca preferida por el consumidor, la ganancia será para la misma multinacional.

Cambió la naturaleza de la competencia, se debilitó el poder del consumidor, y ahora estamos frente a un fenómeno del mismo orden pero mucho más impresionante: la competitividad adquiere un nuevo cariz al reducirse aceleradamente el número de competidores. La ola de fusiones, la epidemia de compras de grupos gigantescos señala una nueva etapa de desarrollo de la oligarquía ultraliberal.

Los competidores ya tan unidos, todos mirando en la misma dirección, se vuelven íntimos hasta el punto de querer fusionarse. No dejan de fagocitarse entre ellos. No se trata de competir con un rival sino de devorarlo. Poco importa quién gana, el nombre del vencedor carece de interés, pero si gana, habrá reforzado la oligarquía planetaria que se ejerce sobre sí misma y la impulsa hacia una era de monopolios monstruosos.

La gravedad del fenómeno no se desprende únicamente del hecho, grave de por sí, de que en cada ocasión provoca las consabidas reducciones de costos, sobre todo del trabajo, con los consiguientes despidos masivos. Veamos algunos pronósticos aparecidos en el *New York Times* y el *Financial Times* en diciembre de 1998, sobre ciertos planes de despidos previstos, casi todos vinculados hoy a compras o fusiones de empresas:[2]

• Deutsche Telekom proyecta la supresión de 20 000 puestos de trabajo y apela a eventuales fusiones.

• Próxima adquisición de Mobil por Exxon: supresión prevista de 9 000 puestos. Más adelante habrá otras.

• Proyecto de compra del Bankers Trust por el Deutsche Bank: eliminación de 5 500 puestos.

• Citigroup, que anuncia la eliminación de 10 400 puestos, 6% de sus efectivos, lo hace sin duda por la elegancia del gesto, ya que aparentemente no tiene previsto participar de compra o fusión alguna.

• Más modestos, Texaco, Conoco, Shell y Chevron, British Petroleum y Amoco prevén el despido de 6 000 asalariados apenas se autorice su fusión.

Se hayan cumplido o no estas previsiones, la suma real de los despidos fue infinitamente mayor que la señalada aquí; se les consideró absolutamente naturales, sobre todo en vista de las circunstancias, y que respondían de maravillas a los términos elocuentes de "restructuraciones" y "racionalizaciones" que se supone los caracterizan.

Frente a semejantes operaciones que llevan a la fusión de grupos cada vez más gigantescos, resultado a su vez de operaciones similares, es fácil imaginar que para ellos la producción es algo trivial, superado. Como se advierte, lo que está en disputa entre los grupos no son los clientes sino los grupos mismos.

El producto de tantos sacrificios en aras de la competitividad se invertirá en la financiación de esas compras y fusiones, las cuales provocarán nuevas reducciones de personal, las cuales financiarán nuevas compras y fusiones, que a su vez permiti-

[2] Informe sobre el desarrollo humano (PNUD), *op. cit.*

rán nuevas economías, que a su vez permitirán crear sociedades mastodónticas, y así hasta el infinito.

Estos conjuntos monstruosos suelen ser imposibles de dirigir, cuando las unidades que los integran funcionaban muy bien mientras no formaban parte de un conglomerado que supera todas las normas. Los mismos excesos injertados en situaciones ya excesivas podrían conducir a la caída del sistema. Son producto de operaciones que se deben frecuentemente a las reacciones en manada, habituales en el pequeño círculo de los que toman las grandes decisiones. A veces no tienen otra razón de ser que el afán de preponderancia, de gigantismo, de correr riesgos. Incluso pueden deberse a la rivalidad personal entre congéneres. En ese medio cerrado que, más que ningún otro, sólo tiene ojos para sí mismo, y para el cual el universo no es sino un pálido apéndice, el yo, la mera vanidad, puede impulsar a algunos a querer inscribir su nombre a toda costa en esta elite todopoderosa y cumplir un papel preponderante. Son otras tantas razones alejadas de todo afán de eficiencia.

En cuanto a las necesidades de las poblaciones que dependen de ellas, ¡al diablo con ese sentimentalismo que ofende al sentido realista!

No obstante, aparte de que permiten realizar grandes economías, estas operaciones poseen una virtud suprema a los ojos de la esfera ultraliberal: permiten acelerar su autonomía. Esta carrera monopolista parece responder a una utopía inconsciente, la de un monopolio único, sin competidores ni obstáculos.

Es sin duda una utopía, pero su fantasma tiene repercusiones muy concretas. Los consumidores ya están alejados. La escena viva se vacía. No de presencias físicas sino de funciones –las cumplidas hasta ahora por los asalariados en número considerable y por comerciantes competidores que dependían de los consumidores– y ahora de aquéllas, prestigiosas, realizadas por los competidores de alto vuelo, los grandes directivos que siempre respondieron mejor a la política del régimen y del cual siguen siendo los mejores aliados al abandonar sus atribuciones y reforzar así el poder oligárquico planetario.

Hostiles o no, estas operaciones de fusión y compra trastornan la vida de cientos de millones de individuos a golpes de decisiones descaradas, de trifulcas entre sociedades que arriesgan lo que tienen para absorber otras; el nuevo reparto de sociedades, la distribución de sus poderes y masas financieras, no deja escapar el menor resquicio para un poder cada vez más condensado, que reduce sus propios espacios.

Ahora bien, estos trastornos se producen sin pasar por proceso democrático alguno. Estas cuestiones de fondo afectan peligrosamente a los pueblos, los primeros afectados sin que a nadie se le ocurra preguntarles si están de acuerdo; ni en sueños se piensa en consultarlos, o siquiera avisarles. Sólo los gobiernos, en algunos casos, pueden prohibirlas, de a una por vez, pero sin atentar contra la capacidad de proceder prescindiendo de un acuerdo general. En ningún lugar se previó semejante atentado a la libertad, es decir, a las permisividades del libre cambio, el cual sería bueno, pero en un mundo cuyas poblaciones fueran verdaderamente libres para defender su propia libertad.

Este fenómeno nuevo cuya magnitud y brutalidad acentúan ya no la amenaza de la imaginación sino su realización reiterada, siempre definitiva, anuncia una nueva etapa del ultraliberalismo, un nuevo estadio de mutación de la civilización; refuerza su régimen en pos de una omnipotencia comprobada sin que los ciudadanos tengan el menor papel, la menor voz a propósito de sucesos políticos tan importantes.

Estos trastornos en el reparto de los bienes en la cima también escapan al poder de los estados, cuyo derecho de veto en este asunto es irrisorio. A lo sumo se les pide que faciliten esta tendencia a la constitución de monopolios centrales, incluso de un solo monopolio que recuerda la dominación absoluta en Europa oriental durante la época de la Unión de Repúblicas Stalinistas, pero esta vez sin el contrapeso de un régimen exterior.

Esta condensación del poderío permite reinar desde un club ultraliberal cada vez más autógeno, capaz de existir por sus propios elementos, sin recursos exteriores, dedicado a sus juegos y apuestas, que no desembocan sino en sí mismas y abandonan al resto de la sociedad a una vasta tierra de nadie.

Sin embargo, su volumen, su expansión, su obstinación en

saturar el planeta como un poder colonizador, todo eso que parece darle fuerza, puede constituir su debilidad y revelar que se sostiene sobre pies de barro.

Uno de esos pies de barro puede estar representado por las grandes organizaciones generadas por el poder económico, sobre las cuales descansa y se apoya y que se confunden con su voluntad: el FMI, la Organización de Cooperación y Desarrollo Económico, el Banco Mundial, la Organización Mundial de Comercio, que no tienen fundamentos democráticos (como no los tiene el Consejo Europeo en Bruselas), ya que sus miembros no son elegidos por los ciudadanos. ¿Por qué habrían de serlo? Su cometido no es ser gerentes de los negocios del mundo, como pudiera parecer, sino de los del mundo de los negocios que los recluta, los designa o los hace designar.

Todo funciona de maravilla. Estos organismos son perfectos para transmitir y hacer aplicar los decretos del régimen ultraliberal dominante, para obligar a los gobiernos a obedecer. Han implantado sus principios y reglas en un mundo cada vez más adaptado a sus deseos; han neutralizado las leyes que los estorbaban, y cuya tinta borrosa sólo afecta a los estados y los pueblos. Han demostrado gran talento como colonizadores y apuntan a dominar la totalidad del globo terrestre con poco gasto.

Las autoridades políticas electas de los estados: esto es lo que la democracia tiene a su favor. Una ideología que domina esos estados y sus representantes, que designa por sí misma a los personeros encargados de definir y sobre todo aplicarla: he aquí lo que apunta en el sentido de una dictadura.

*Los grandes organismos internacionales, libres de toda traba, aislados de la opinión pública, eximidos de rendir cuentas a los gobiernos mientras que éstos sí deben hacerlo, son omnipotentes. Pero están al servicio y son tributarios de un poder hegemónico del cual son los mejores instrumentos.*

Encargados oficialmente de velar por el equilibrio en el reparto de las riquezas, en verdad están forzados a velar por que el reparto siga siendo perfectamente desigual, de manera tal que las riquezas prácticamente no se repartan sino que se concentren cada vez más en las manos de una casta soberana y condensada. Deben manipular a las naciones como marionetas, defender la disparidad de sus ingresos con respecto a los países ricos y, más escandaloso aún, con respecto a ciertas fortunas privadas. Con pretextos humanitarios, deben explotar la pobreza de ciertos países, reducirlos a la sumisión como a otros tantos individuos acosados por las dificultades, con la misma indiferencia por sus realidades.

Al manejar fondos que podrían salvar a los países estructuralmente pobres o en crisis (o ambas cosas), al FMI no le resulta difícil obligarlos a ceder a las condiciones de sus préstamos, a cambio de los cuales este organismo ejercerá el derecho de revisar su filosofía política y por esa vía su política interior y exterior, que acabará por dictar.

Privatizaciones, desregulaciones, supresión de subvenciones a los sectores sociales: todo eso sucede. Abdicación. Alineación estricta de todos con un modelo único. Un solo catecismo para todos los pueblos. Para todos los mismos métodos, el mismo brebaje mágico, que reduce todos los parámetros sociales a uno solo, el de la rentabilidad, pero aquella que beneficia a los acreedores. Austeridad. Olvido de toda ambición, de toda inclinación propia, de toda producción que no vaya en el sentido deseado, que rara vez corresponde al interés del país en cuestión. Sacrificios. Reducción implacable de costos, siempre los mismos, los del trabajo, las estructuras indispensables, la cultura, la salud, las conquistas sociales y otras futilidades. Renunciar a la independencia de la política interior, va de suyo. Derecho a la injerencia del FMI en países convertidos, en el mejor de los casos, en protectorados. Ajustes sobre ajustes.

Redes todopoderosas, ciegas a todo lo que no corresponda a la ideología liberal, a todo lo que no consista en poner a su servicio todo lo que está a su cargo, es decir, casi todo. No sin profesiones de fe humanitarias, no sin alusiones a sus funciones de buenos pastores.

Había que ver ese documental[3] en el cual Michel Camdessus, durante largo tiempo director del FMI, exhibe sus obras, perfecto en su papel a pesar de que su perpetua hilaridad, su

[3] *Arte*, 14 de septiembre de 1999.

laboriosidad nerviosamente jovial, frecuentemente sin encontrar repercusión, delatan acaso una duda, acaso un malestar, una falta de seguridad verdadera o de convicción, de connivencia con su función, acaso de certeza en cuanto a su fundamentación.

Michel Camdessus visita a sus pobres. Hace una gira por las casas humildes del planeta. Se suceden los brindis. Reina un ambiente de falsa alegría, de banquete triste; bromas, ansiedad; se advierte que algunos no pueden tragar la comida. Con Michel Camdessus, los pedigüeños se estrellan contra un muro vivaz, coquetean sin alegría con un gato que se extasía con la ansiedad de los ratones; en fin, regatean con un hombre al que le es totalmente indiferente todo aquello que no esté en perfecta armonía con los dogmas del lucro privado, consagrado como está a su servicio.

Nudos en las gargantas de los gobernantes frente al director general. Le da lo mismo que esté en juego la suerte de un país, la carrera de un político o incluso la magnitud de la suma que puedan birlar a la solidaridad internacional o a sus compatriotas. Poco importa que los préstamos vayan a parar a las arcas rusas, a los bolsillos de sus interlocutores o a los de las mafias, con tal de obtener a cambio la promesa de una sumisión mayor del pueblo ruso a los decretos del FMI. Camdessus es un misionero: busca la conversión del país a la ideología que propaga o por lo menos a las prácticas que recomienda. Y la obtiene. Si Rusia pone en ejecución las graves restricciones prometidas sin siquiera recibir los préstamos, con ello se logró lo esencial: el concepto de rentabilidad, de *realpolitik,* estará salvado, se habrá impuesto, siquiera en todos los espíritus. Más importante aún, en el gran desorden que sobrevendrá inevitablemente, la nueva nomenclatura rusa se afanará (en principio, ya que la impostura jamás se puede evitar del todo) por parecer respetable, ávida como está de volver a cobrar. Lo importante es ganar terreno, colonizar, aun a costa de nuevos desastres que se suman a los causados en tantas regiones del mundo.

Pero el señor Camdessus ríe y sigue su camino.

El mismo buen humor en Honduras y Nicaragua, frente a las ruinas y la devastación provocadas por un huracán reciente que ha dejado un tendal de muertos y economías arruinadas. Con el presidente, Michel Camdessus reanuda ávidamente –es su placer– una de esas viejas conversaciones que siguen los vericuetos consabidos. El presidente suplica; él lo esquiva con picardía. Él toma sus decisiones por su cuenta, a la buena de Dios, y recorre el país con aires de gran señor. El presidente jura que no volverá a mendigar. "Hasta que pase el próximo huracán", bromea alegremente el señor Camdessus mientras contempla los desastres del anterior.

El director general del FMI regresa de su gira. Se reúne con sus colaboradores. Les trae un regalo, un recuerdo de su viaje, anuncia, saboreando su éxito de antemano, algo que les va a divertir, que les parecerá increíble. No los decepciona. Michel Camdessus despliega un periódico, lo agita frente a ellos, ríe a carcajadas. Los otros lo imitan, poco falta para que caigan de espaldas. Reina la franca hilaridad. El titular principal del periódico dice: "Michel Camdessus, embajador del humanismo". Todavía se deben de estar riendo.

Pero los esfuerzos del señor Camdessus y sus colegas no son gratuitos. El coste de los organismos internacionales, establecidos de manera tan "libre" y espontánea para manejar el mundo, debería aterrar a estos maniáticos de la austeridad. ¿Cómo es posible que los contribuyentes, indignados por los "depredadores" de la función pública, en este caso no se inquieten?

He aquí esta gente dócil, colocada en el poder por una ideología triunfante que los utiliza para aplicar una política muy precisa, jamás puesta en tela de juicio, para volver a las naciones tan sumisas como ellos. Gente mantenida por los contribuyentes a los que nadie ha consultado, a los cuales no rendirán cuentas y que en cambio deberán rendírselas a ellos: todas las políticas de todos los países, sean deudores o acreedores, dependerán de criterios generales que deberán aceptar forzosamente. De alguna manera, todos estarán bajo un protectorado.

Gente sin mandato, que sólo se representa a sí misma, que no rinde cuentas a nadie, recibe el encargo de administrar el mundo y a sus habitantes (no consultados) de acuerdo con las recetas rígidas de un régimen que jamás anunció su existencia, pero que de esa manera se consolida aún más, en detrimento de los pueblos. Organismos que en conjunto ejercen plenos poderes, encargados de conducir la economía global, no pueden sino mutilarla en función de consignas monomaniacas que ningún individuo ni grupo de personas físicas les ha dado, que sólo se sustentan en el aire y en la concatenación de lógicas correspondientes a la omnipotencia del lucro privado.

Gente que maneja cantidades ingentes de dinero, aportado por los mismos contribuyentes, toma iniciativas que regirán a todas las demás y apuntarán en un sentido único. Por su parte, los gobiernos legítimos, democráticos, se ven reducidos a aplicar esas iniciativas, consideradas hechos consumados, porque emanan de aquellos que administran los presupuestos de las naciones.

Las iniciativas son tomadas por estos organismos en sesiones íntimas, en cuyo orden del día sólo figura la administración de las naciones al paso de los juegos de azar a los que se dedican con provecho las potencias de la economía privada. Éstas ni siquiera se preocupan por la marcha de un mundo organizado de una vez por todas –así lo creen– para funcionar de acuerdo con sus principios, que de esa manera rigen todas las políticas, interiores y exteriores, de las naciones para su exclusivo beneficio.

Los gobiernos, en lo sucesivo meros intermediarios, todos en primera fila para defender esas políticas estén o no de acuerdo con ellas, deberán ajustarse a medidas de una crueldad sin igual que de otro modo no hubieran tomado, unos errores desastrosos que deberán asumir, de una ineficacia inigualada para llegar a los objetivos anunciados, pero totalmente eficaces con respecto a los designios subyacentes, los de una ideología y su política subterránea que son las que realmente dirigen el juego.

De ahí, sin duda, la opción de la izquierda de reivindicar como "moderno" aquello que para ella es evidentemente indefendible, pero que se cree obligada a aceptar.

De ahí ese mundo por donde el señor Camdessus pasea su risa nerviosa, asiste a banquetes tristes y representa esa potencia con fama de invencible, que se impone a todos, les guste o no: incluso al director del FMI.

Pero es un mundo que ya no debe aceptar más que lo dirijan

esas instancias hiperpolitizadas, irresponsables, que responden a una ideología única. Transformarlas de cabo a rabo, convertirlas a la democracia o bien suprimirlas, todo eso es posible y se le puede reclamar. Son los pilares de una potencia que tiene un punto débil: aparentemente no advierte o no le importa la existencia de una vasta opinión pública que está a punto de descubrir su propia magnitud. A pesar de esta extraña dictadura que no sale a la luz, pero cuya opresión se vuelve cada vez más pesada, esta opinión pública globalizada tiene conciencia de vivir en estructuras más o menos democráticas donde el número puede hacerse oír si quiere. Y puede hacerlo con tranquilidad. Conoce la fragilidad de muchos colosos que han aparecido a lo largo de la historia.

Esta opinión pública sabe que es capaz de oponerse al sistema. No con la idea vaga y apabullante de enfrentar la globalización, término vago, despojado de un sentido preciso, extraviado entre una multitud de significados incoherentes, que cambian de acuerdo con el que lo emplea, la hora del día y el asunto tratado.[4] Tampoco con la idea de luchar contra un universo fantasmagórico, habitado por divinidades u otros brujos con poderes mágicos, sino con la de resistir a un régimen político concreto, ultraliberal, con los medios de este mundo.

*Sería hora –tal es su deseo y vocación– de que esta opinión pública tan madura, reflexiva y sabia en cuanto a los problemas que le interesan tuviera confianza en su poder y capacidad y saliera del silencio en que está sumida debido a la sensación (errónea) de estar aislada.*

La falta de reacción se confunde fácilmente con adhesión, indiferencia o miedo. Es lógico que el sistema actual se sienta reconfortado, legitimado en su política planetaria por este silencio. Su "coherencia" no puede dejar de imponerse si, salvo raras excepciones, todos los problemas son abordados, analiza-

[4] Un ejemplo: algunos se burlan de los manifestantes de Seattle contra la cumbre de la OMC porque supuestamente recurrían a la internet para luchar contra la globalización. Ahora bien, esos manifestantes no luchan (aunque lo crean) contra la globalización, ni menos aún contra las tecnologías, sino contra el *ultraliberalismo,* del cual no dependen las tecnologías. Se advierte que el ultraliberalismo puede sacar buen partido de esta clase de confusiones y de su proliferación.

dos o discutidos desde su punto de vista, desde la aceptación de los postulados, las prioridades y el estilo pseudoeconómico instituidos por ella.

La clase política y sus dirigentes, constantemente expuestos a la omnipotente presión ultraliberal con sus redes enmarañadas y su política del hecho consumado, sólo podrán resistir –y algunos lo desean– si la población los apoya, incluso los acicatea, siquiera para demostrarles a sus congéneres que no están aislados. Si la opinión pública refractaria al sistema ultraliberal se resigna a no ser representada por sus funcionarios elegidos, incluso por aquellos que tuvieran esa vocación, su única alternativa seguirá siendo un voto, puramente aproximativo y sin ilusiones, a favor de las posiciones anteriores, ya descartadas, de ciertos candidatos, o bien la abstención. Y nosotros seguiremos siendo ignorados por unos mandatarios a los que quizá les faltó nuestro apoyo para emprender un viraje, intentar una política distinta. Mientras tanto, nuestros silencios serán tomados por una aceptación tácita del *statu quo* así fortalecido.

*Sería hora de que los funcionarios electos tomaran posición frente a esta extraña dictadura,* cuya realidad es innegable ya que, a pesar del juego democrático, obliga a todos los gobiernos, de cualquier tendencia o país, a seguir la misma línea. Señal de ello es que recurren todos a una misma lógica, la cual vela ante todo por los intereses del lucro al no distribuir las riquezas, al reducir todos los gastos que no lo benefician, y en absoluto debido a la globalización sino en virtud de una ideología a la cual están sujetos, no por un decreto ni por un cuerpo doctrinario sino por la docilidad a la omnipotencia de la economía privada.

En la actualidad no se permite abordar la economía ni la política sin dejar a salvo esos intereses; sin considerar sagradas, intocables, las estructuras que los cobijan y protegen. A partir de allí se empieza a administrar y, como no podía ser de otra manera, en un solo sentido.

A pesar de todo, la opinión pública puede cumplir un papel inmenso gracias a que este régimen se aplica dentro de un marco democrático. Habría que hacerles saber a los legisladores y gobernantes que no podrán ceder a su hegemonía –generalmente, con el pretexto de que los demás hacen lo mismo– sin sufrir la reacción del electorado; pero también que en el caso contrario podrán contar con el apoyo de un gran sector de la opinión pública, hasta ahora abandonado y que los había abandonado a su vez.[5]

Un ejemplo: las derrotas electorales que sufrieron Blair y Schroeder,[6] jefes de gobierno "socialistas", cuando expusieron en un manifiesto sus verdaderas opciones, convencidos de que atraerían a las masas entusiastas a su "tercera vía", la de un liberalismo duro exaltado por la izquierda. Ninguna ilusión podía sobrevivir a esa profesión de fe que colocaba un celo inigualado al servicio exclusivo de la economía privada, sus prioridades y su alergia a las medidas sociales. Celo que ya empezaba a manifestarse en acción, que no lograba disimular un rótulo político ni permitía ya cerrar los ojos a la realidad para seguir votando al símbolo.

El canciller y el primer ministro habían tomado sus deseos por realidades. Seguros de ser amados por sí mismos y no por lo que decían representar –y que ahora traicionaban de manera tan desenfadada–, sin duda se dejaron llevar por su propia propaganda, incapaces de advertir la presencia de una opinión que, lejos de estar calcada de la suya, de ser sensible a los arcaísmos de su "modernidad", los había llevado al poder por considerarlos los menos comprometidos con esa ideología a la cual adherían ahora por medio de ese ruidoso manifiesto. Suponían que la opinión general aceptaba esa ideología. Esta vez, los hechos en Alemania y Gran Bretaña demostraron lo contrario.

Falta de pedagogía, claman los cruzados del lucro, atónitos porque el mundo entero no está feliz contemplando su satis-

[5] Cabe destacar el éxito inmediato de la organización ATTAC (asociación para la imposición de tributos sobre las transacciones financieras para ayudar a los ciudadanos). Ésta defiende, entre otros, el impuesto Tobin: la aplicación de un porcentaje ínfimo (0.25) para "penalizar la especulación [...] un impuesto sobre las transacciones cambiarias con fines financieros". Véase François Chesnais, *Tobin or not Tobin,* París, L'esprit frappeur, 1998.

[6] Respectivamente, el primer ministro laborista británico y el canciller socialdemócrata alemán.

facción. Pero en este caso, la reacción a la "pedagogía" consistió en señalar los límites de lo que se podía aceptar. Así como los dos jefes de gobierno se habían hecho entender, lo mismo hizo la opinión pública. Unos meses más tarde, los discursos y medidas del canciller ya no seguían la "tercera vía" sino que apuntaban ostensiblemente en otro sentido, lo cual permitió remontar la pendiente.

La opinión pública tiene una función crucial, ya que representa una instancia de vida bajo un régimen mortífero. *Ya se manifiesta una resistencia planetaria al horror económico.* Recientemente, en dos ocasiones, le bastó pronunciarse para triunfar. Los acuerdos AMI,[7] preparados en el seno de la OCDE durante cuatro años por 30 gobiernos de países poderosos, no fueron firmados: una vez enterada de su contenido, la opinión pública manifestó su oposición unos meses antes de mayo de 1998, cuando estaba previsto que los acuerdos serían ratificados sin la menor dificultad. En el momento de terminar de redactar este libro, acaba de producirse el segundo ejemplo, a fines de 1999: las "jornadas de Seattle" en los Estados Unidos, cuando una movilización internacional logró impedir sin grandes dificultades la reunión de ministros de la OMC.[8] En dos ocasiones, frente a dos problemas esenciales, la resistencia se impuso a organismos internacionales como la OMC y la OCDE, sin violencia y, mejor aún, sin dificultad.

¿Quién lo hubiera dicho poco tiempo atrás?

Con respecto a los acuerdos AMI, lo que estaba en juego era vital: introducían el elemento que faltaba para que la extraña dictadura impusiera su dominio de pleno derecho. Por ejemplo, estipulaban que todo inversionista en un país extranjero estaba autorizado a iniciar juicio al Estado y obtener compensaciones punitorias importantes si se consideraba lesionado en los beneficios esperados por cualquier medida que tomara dicho Estado, fuese de carácter social, de gasto público, tributaria o de cualquier otro tipo. Los estados se convertían legal y oficialmente en rehenes de la economía privada... y la especu-

[7] Acuerdo Multilateral sobre Inversiones.
[8] Organización Mundial de Comercio.

lación. Es sólo un ejemplo del peligro gravísimo que representa el AMI.

La revelación de los acuerdos y su contenido, la divulgación serena y pública de lo que se había tramado durante años, no en secreto pero casi, bastaron para enterrarlos, al menos por ahora. La opinión pública está preparada tanto para su eventual resurgimiento como para nuevas artimañas de los organismos internacionales. Sin embargo, la lucha realizada desde abajo llevaba todas las de perder, si uno se atenía a la relación de fuerzas que se daba por evidente.

La sorpresa fue un factor, pero más importante aún fue el defecto inherente a la potencia económica privada: su soberbia. La certeza de que su autoridad no conocería flaquezas y bastaría para intimidar nubló su pensamiento. Narcisista, sin duda le resulta mucho más difícil pensar y actuar fuera del marco de sus obsesiones, que considera fundamentales. En verdad, carece de inteligencia, ya que se basa en una desinteligencia, en un repudio sistemático de la realidad.[9] De ahí, una vez más, la ventaja que representa una percepción lúcida de los sucesos y su concatenación, así como el desciframiento de las propagandas vinculadas a ellos.

Puesto que los decretos pergeñados por la OCDE no tuvieron consecuencias, parecía evidente que otra organización sería la encargada de aprobarlos; en este caso, la OMC. Pero entraba en juego el efecto de proyección para revelar las tratativas realizadas a espaldas de la opinión pública. En Seattle, la derrota de los funcionarios de la OMC fue consecuencia directa del rechazo de los acuerdos AMI una vez que salieron a la luz pública. Este hecho y el reclamo generalizado de transparencia fueron, como siempre, de una eficacia inigualable. Así salió a la luz que la OMC no tenía otra razón para existir que la discusión, en la intimidad del club ultraliberal, de los mejores medios para que la economía especulativa obtuviera aún más ganancias con aún menos obstáculos. Aparte de esos asuntos corporati-

[9] Cabe señalar que esta falta de lucidez e inteligencia de la vida escapa, en tanto individuos, a muchos de los que están vinculados más estrechamente al régimen o incluso lo dirigen, y que por estar comprometidos con éste lo creen inmutable.

vistas entre los interesados, no tenían nada más que decirse ni decir a nadie.

Los delegados que se suponía debían preocuparse por dirigir el mundo sin pensar en exprimirlo en beneficio de intereses particulares iban a ser observados, vigilados, cuestionados. Debían siquiera fingir que actuaban, que se interesaban por los asuntos de la agenda oficial, que habían estudiado profundamente la documentación y reflexionado con realismo acerca de los problemas que interesaban a esa entelequia que era para ellos el conjunto de los seres vivos... los que bruscamente se encontraban allí, encarnados en esos manifestantes muy al tanto de todo, de lo que estaba en juego, muy motivados, sin duda muy distintos y desunidos, pero coherentes.

¡Qué desconcierto! En el trance de "actuar" frente al público, bajo la mirada de los medios de comunicación, los participantes de la cumbre parecían no saber qué hacían ahí, qué temas podían tratar, en qué podían ponerse de acuerdo... o siquiera discrepar. Fuera de los asuntos de rutina del lucro, ¡nada! Parálisis. Silencio, miradas perdidas. ¿Un consenso? ¿Pero a propósito de qué? Nostalgia del nido tranquilo, cerrado, vedado a la plebe, protegido por sus códigos indescifrables; de esos lugares acogedores donde se pueden susurrar decretos en forma de órdenes sencillísimas, siempre de la misma especie y rigurosamente acatadas. Órdenes devastadoras, depredadoras, coercitivas, dirigidas a masas de individuos, enormes por cierto, pero extrañas al club, donde reinaba la sensación de que no había motivos para preocuparse. ¿Quién hubiera imaginado que soñaban con inmiscuirse en la intimidad de esas escenas?

Enfrentados y sobre todo vigilados por la opinión pública, los funcionarios de la OMC revelarían, incluso a sus propios ojos, la vacuidad de su política cuando no era la del hecho consumado. No fueron antagonismos internos ni externos los que provocaron tan patético naufragio de la cumbre de Seattle sino una simple mirada sobre su vacuidad.

Atacando punto por punto, de a un suceso concreto por vez, en dimensión humana, se hace posible desestabilizar una construcción tan imponente, supuestamente inquebrantable, y que, sin embargo, no se asienta sobre cimientos sólidos. Antes bien se apoya en valores virtuales más difíciles de combatir que otros si uno lo hace en su propio terreno, pero que se derrumban o al menos flaquean frente a las personas vivas, en el terreno de la realidad, en el mundo tangible con el cual conviven.

*¿Puede uno ser contemporáneo* de su tiempo? La historia se escribe con el caos de los muertos y los vivos. Un caos lleno de sentido, siempre en carne viva, punzante. Las generaciones que se suceden no están constituidas por bloques sucesivos; las vidas de aquellos y aquellas que las componen no son contemporáneas en toda su extensión sino que nacen, desaparecen y nacen y mueren nuevamente en el desorden y la confusión, y así ha sido desde el principio del tiempo. La ley se forma y se transmite a través de ese magma. Una aventura tan difícil, improbable y apasionada, fascinante a pesar de las aflicciones, merece admiración, como la merecen aquellos que la viven, que perseveran en el deseo de vivirla a pesar de la brevedad de la suerte que le toca a cada uno . Asimismo, es admirable la capacidad de cada uno de insertar su historia singular, su propia biografía, en el seno de esta fugacidad sin dejarse abrumar, paralizar, en fin, enloquecer por la urgencia.

¿Dónde nos encontramos en la historia? ¿Es posible que a medida que avanza, y nuestras potencialidades avancen con ella, se estreche hasta reducirse a los juegos imbéciles de un sistema depredador, a sus crímenes tan difundidos, tan propagados que forman parte del paisaje y se refuerzan con toda tranquilidad? ¿Que sólo sobreviva una codicia histérica, sin objetivos reales, capaz de arrasar con todo bajo la égida de unos pocos?

¿Pero dónde estarían los demás, las grandes mayorías? ¿Qué sería de la parte humana sensible a lo gratuito, capaz de inventarse a sí misma, de segregar sus propios inventores de milagros plásticos, musicales, pictóricos, literarios y de toda clase, pero sobre todo de la parte capaz de experimentar la alegría? ¿Capaz de llevar muchas existencias en una vida?

Hemos sido y somos los testigos, los contemporáneos –actores a la vez que público demasiado pasivo– de una mutación de la civilización a todas luces desviada, y nos despertamos frente a un mundo petrificado en un montaje artificial, presentado como eterno. *Es hora de demostrar que no nos dejamos engañar.* Además, a medida que pasa el tiempo, eso se vuelve cada vez más difícil. El ultraliberalismo aplica sus métodos con soberbia, hasta tal punto que se vuelven previsibles y evidentemente vinculados a una estrategia única. Debemos impedir que esa visibilidad y la repetición de esos métodos produzcan, por el absurdo, un efecto propagandístico y nos lleven a habituarnos a ellos como a una rutina banal, a un malestar institucionalizado al cual sería vano oponerse, así como razonable adaptarse.

Semejante resignación significa un peligro infinito. Es caer por una pendiente resbaladiza. No es difícil pasar del *workfare,* aceptado con tanta facilidad, a la esclavitud, a la marginación de los que estorban y su concentración en lugares dispuestos para ello. La misma filosofía de separar lo inútil de lo rentable y tolerar lo intolerable puede conducir a desembarazarse de aquellos que supuestamente no forman parte de la especie o que son perjudiciales. Estas conclusiones sirven de punto de partida para los genocidas y la resignación que los rodea.

Con todo, la sociedad subsiste: agredida, herida, a veces mutilada, pero activa. Desconcertada por tener que guardar luto por el empleo, por esa forma de trabajo que sin duda la alienaba, pero cuya desaparición la niega y hace el juego a sus enemigos; luto por una civilización que se va sin despedirse, dejando su lugar a un régimen que altera sus mismas huellas, oculta su misma desaparición, obliga a la mayor parte de la sociedad a vivir de acuerdo con la época del trabajo a la vez que destruye sus estructuras y leyes.

¿Qué destino aguarda a los hombres y mujeres jóvenes en semejante sociedad? Cada uno sabe –ellos lo saben– que para muchos de ellos no habrá futuro, en particular para los que están relegados a los guetos, considerados gente sin valor, fuera de lugar en la sociedad, aptos sólo para derrochar en el vacío las energías y el dinamismo de esta época y de los años que vendrán. A pesar de la violencia que resulta de ello, con frecuencia caen en una profunda nostalgia por una época más elemental, que no conocieron y les parece casi mágica: la vida asalariada, la única legítima, de la cual se les descarta juntamente con gran número de jóvenes de todos los medios sociales, aunque esa suerte les esté reservada sobre todo a ellos, como otro castigo que se suma a los que ya componían sus vidas.

Por extraño que parezca, aquellos que se encuentran en el otro polo, que se benefician con la escasez y la degradación del trabajo, también renuncian con dificultad a esa época, a sus ritmos, a lo que conformaba la trama de cada vida, aunque fuese ociosa, en una misma sociedad. Entre los que mandan, muchos padecen la nostalgia de una era reconfortante en la cual cada uno conocía su lugar, su tarea, encerrado en una fábrica, una oficina o lo que fuera, encuadrado, vigilado, disciplinado. Ocupado. En su lugar. Encerrado. Y, ante todo, explotado.

Por su parte, la mayoría, que padece el fin de una civilización frecuentemente tan cruel con ella, ve cómo en su lugar aparece una caricatura moribunda y sigue viviendo, aferrada a los rastros de su ausencia, la de una historia que es la suya pero cuyas mismas bases han desaparecido. Trata de seguir con aquella vida y todo lo que significaba, sin que nuevos valores hayan venido a remplazar a los desaparecidos.

En este caso la nostalgia se debe a que, aparte de los medios de vida, aunque fueran insuficientes, el trabajo creaba ciertos puntos de referencia cuya desaparición es difícil de aceptar y sin los cuales el mundo es para muchos un vacío sin límites, donde nada tiene que ver con uno, donde se debe enfrentar la existencia en toda su desnudez y crudeza, sin defensa frente a las grandes preguntas que ya nunca tendrán respuesta. En realidad, uno se encuentra frente a la muerte sin esas distracciones permitidas por una vida aceptada con gusto, plena y compartida, en la que se aplicaba inconscientemente la vieja frase: "No puedo morir, estoy demasiado atareado". Una vida orientada, diseñada a imitación de un modelo en el que la práctica suplantaba los cuestionamientos. Denegación de la soledad en que el sentimiento de pertenecer a un conjunto reconfortaba, daba seguridad y otorgaba sentido a una suerte compartida para bien y para mal. Generalmente para mal, sin duda, pero en cuyo seno se daba por sentado que todos luchaban juntos:

la mayoría contra los privilegiados, para los cuales eran indispensables.

En el mundo del trabajo, la vida se desarrolla estrechamente ligada a una cronología, un calendario y horarios. El tiempo no está librado a una eternidad extraña a uno, en la cual uno no tiene "nada que hacer" ni se siente fuera de lugar. El tiempo está parcelado: domingos, fines de semana, feriados, vacaciones anuales, referencias colectivas que no dejan lugar al tiempo muerto y anticipan un porvenir uniforme y lleno de certezas. En el sitio de trabajo uno es esperado, tiene "su lugar", una razón legítima para estar ahí. ¡Sobre todo, uno tiene esa "dignidad" tan esencial que según la propaganda sólo un empleo puede otorgar!

¿Pero de qué dignidad se trata? ¿De la que permite que uno sea despedido según los caprichos de la "burbuja financiera" y deba ser siempre sumiso para no aumentar las probabilidades del despido?

¿Será acaso la "dignidad" de forjarse una mentalidad de subalterno, de aceptar la autoridad patronal como un derecho divino, la jerarquía como un dogma, la propia subordinación como un hecho probado? ¿La de verse reducido a hacer el papel de pilluelo, objeto de sospechas sistemáticas, obligado a demostrar que no es un mentiroso ni hace trampas con el horario de trabajo? ¿Demostrárselo a quién? ¿Cuáles son las justificaciones de las prerrogativas del empleador sobre los empleados, a quienes no debe rendir cuentas? ¿A que se debe ese ascendiente, esa autoridad casi absoluta, si no a la dependencia de quienes la padecen?

¿Es acaso la "dignidad" de ver delimitados, y con ello reducidos al mínimo, los minutos permitidos para ir al baño, comer, bañarse, mudarse de ropa, tomarse un respiro? Para ilustrarse, basta recordar esas discusiones porfiadas, en el marco de la aplicación de la "semana laboral de 35 horas" acerca de si los minutos dedicados a mudarse de ropa serían descontados o no de los nuevos horarios. ¿Es "digno" aceptar el descuento de cada segundo que no contribuya directamente a la rentabilidad de la empresa? ¿Permitir que cada gesto esté vigilado, sometido a la autoridad, sujeto a una autorización?

¿O bien la "dignidad" consiste en tener derecho a ser acosado, reprendido, castigado por pequeñas faltas? ¿El derecho a perder el *status* y la libertad de adulto, a ser colocado bajo tutela, controlado, espiado, castigado sin razones morales ni legales, a voluntad de unas reglas arbitrarias dictadas en función de una ganancia totalmente desproporcionada con el salario? Claro que podría tratarse del derecho de tener que responder por la ineficiencia de los empresarios, ser despedido como pago por sus errores, mientras ellos reciben recompensas o en el peor de los casos la absolución.

¿Acaso sea la "dignidad" del trabajo precario, de tiempo parcial, de pasantías o contratos por tiempo determinado con un sueldo de hambre y que en la mayoría de los casos sólo sirve para reducir las estadísticas del desempleo o para sustituir un trabajo real, con una remuneración normal, por uno mal pagado, carente de protección y garantías?

¿"Dignidad", en fin, de ser "echado" de una empresa sin otro motivo que el de cotizar en la Bolsa la desgracia del trabajador y obtener así sobreganancias colosales? Porque la pauperización de los desocupados, su miseria, sus vidas desperdiciadas, representan un valor enorme, cuantificado con toda precisión, del cual de más está decir que no recibirán la menor parte, pero que beneficiará –¡justa recompensa!– a los responsables de los despidos.

¿Es esto lo que representa la dignidad otorgada por el trabajo? ¿Es por eso que se le debe glorificar? No, lo prioritario no es el trabajo sino las personas que se supone deben entregarse a él al precio de semejantes dificultades. Ahora bien, ellas no tienen como vocación principal ser "empleadas" por aquello que las destruye; lo importante no es "poner a la gente a trabajar"; lo importante es la gente. Y su libre albedrío.

Si el desempleo debe ser remplazado por la pobreza, si lo único que califica a una sociedad es el número de puestos de trabajo aunque esos mismos empleos signifiquen pobreza, humillación y desprecio, si se les debe considerar como otras tantas bendiciones graciosamente otorgadas y que se deben aceptar a cualquier precio, entonces esa sociedad, lejos de ponerse de pie, será perversa y deteriorada de arriba abajo.

El "empleo para los jóvenes", si se reduce a un vagabundeo de un pequeño puesto a otro; si no crea ningún porvenir ni brinda oportunidades reales de vivir a tono con una sociedad que esté a su vez a tono con la vida; si no tiene otro fin que mejorar las estadísticas, que "no carecer" de trabajo hoy, pero sin la menor garantía para mañana, sin posibilidad de dar pruebas de las propias aptitudes, hacerse cargo de la propia vida de adulto, entonces ese trabajo no tiene otro sentido que el de legitimar una decadencia general.

Cada uno comienza a comprender que la salvación no radica en seguir un modelo obsoleto que somete al individuo a un pasado presentado como futuro, a costa del sacrificio del presente, sino, por el contrario, en asumir el presente y rechazar una política que exalta la Declaración Universal de los Derechos del Hombre a la vez que la considera perjudicial para la modernidad.

*Resistir significa* en primer lugar rechazar. Hoy, la insurgencia consiste en ese rechazo que no tiene nada de negativo, que es un acto indispensable, vital. La *prioridad de prioridades es rechazar el horror económico,* salir de la trampa y a partir de ahí seguir adelante.

Lo urgente no es la resolución inmediata de los problemas falsos sino plantear inmediatamente los verdaderos y enfrentar aquello que los provoca, aunque aún no se sepa claramente qué remplazará aquello que se elimina. La "solución" no consiste en proponer algo distinto, un modelo de remplazo para armar, con la promesa de una sociedad a estrenar, limpia, garantizada, llave en mano; hoy se sabe lo que valen esos modelos...

Tampoco consiste en una receta, un manual de instrucciones que garantice el éxito de esta oposición, sino en los riesgos que se corren al rechazar lo inadmisible. Exigir promesas antes de resistir equivale a resistir a la idea misma de la resistencia y a hacerle el juego a los poderes constituidos.

Conocemos las mil y una soluciones propuestas cada día, semana y mes, con los resultados consabidos. Responden a problemas artificiales o falsos, creados en función de la solución que se propondrá.

Lo esencial no son las respuestas a las preguntas sugeridas o impuestas por el sistema a propósito de sí mismo, que se descubren rápidamente, sino, por el contrario, la trampa que representan; los postulados y decretos a partir de los cuales se les formula, legitimando de antemano lo que está cuestionado, ya se habrán hecho pasar por respuestas.

La resistencia pasa en primer término por descubrir y rechazar este círculo vicioso. Visto desde dentro, nada es posible al margen de sus puntos de vista monomaniacos, obsesivos, difundidos por sus propagandas.

Una de las más recientes trata de condicionarnos para rechazar la revelación del horror en lugar del horror revelado. Pretende convencernos de que para cada situación denunciada reclamemos una solución lista para usar o al menos un remedio o receta garantizados. Se supone que nos debe embargar la indignación ante cada constatación, cada crítica que se atreviera a mostrar a la luz del día, con justeza y minuciosidad, una realidad no inventada, distinta de aquella versión sedante que nos presentan diariamente para que no nos aflijamos cuando nos relatan todo lo que han hecho para afligirnos. Para colmo, esta versión viene acompañada de consuelos, panaceas y promesas falaces de las cuales se supone, equivocadamente, que no podemos prescindir.

Son otras tantas artimañas para reclamar, o bien el remplazo inmediato del modelo denunciado por otro impuesto de manera igualmente imperiosa, o bien paliativos incompatibles con la naturaleza y la envergadura del mal, pero a los que se hace pasar por suficientes, o bien los largos plazos que requieren la reflexión y el indispensable consenso democrático para cualquier propuesta. El efecto de la propaganda consiste en postergar para un futuro indeterminado siquiera el inicio de una reacción real al peligro de la barbarie.

Esta propaganda cuenta con el entusiasmo natural, pero infantil y peligroso, que nos llevaría a caer en los brazos de aquellos cuyas soluciones permiten dejar de lado la angustia, junto con los problemas. Como si fuéramos incapaces de tolerar un lapso durante el cual hubiera que cargar y soportar el peso de un problema penoso sin creerlo resuelto de antemano, así como tomar partido sin tener garantizado el triunfo. La propaganda cuenta, asimismo, con la negativa individual a comprometerse, a aceptar la responsabilidad por lo que se desea y se rechaza, a querer saber de antemano qué sobrevendrá después del horror antes de rechazarlo.

Ahora bien, frente a lo inadmisible, no se trata solamente de elaborar todas las estrategias capaces de ponerle fin, sino también de crear un futuro preciso, aceptable para todos. Una vez más, la primera acción posible es el rechazo. Esto no implica lanzarse a la aventura, rechazar bruscamente todo lo que existe sin proponer una alternativa. La propuesta está formulada:

rechazar lo inadmisible. Lo del "mundo existente". Se trata de mirar en torno y comprender dónde estamos, a dónde podrían conducirnos, hasta qué grado y con qué rapidez se imponen hoy las desregulaciones de todo tipo y las aberraciones legitimadas.

Cuando se declara un incendio, ¿corresponde prever las reparaciones y diseñar los planos de una nueva casa antes de extinguirlo?

No se trata de lanzar planes al aire. Tampoco de improvisar proyectos, porque éstos deben ser variados, propuestos democráticamente por diversas tendencias, discutidos largamente por distintas "sensibilidades", abiertos a la polémica. Es un trabajo lento, en modo alguno a corto plazo.

Lo que sí se debe hacer inmediatamente es rechazar la omnipotencia de un régimen planetario único, sin contrapoder, reforzado cada día por sus depredaciones, sus abusos de autoridad preparados sigilosamente en la víspera, y que se alimenta de sus propios éxitos. Ya ha avanzado demasiado, y si continúa, amenaza con arrastrarnos a lo peor, condicionándonos al trivializar todo lo que conduce a ello.

Jamás se insistirá demasiado: aceptar que a seres humanos se les tenga por superfluos, y que ellos mismos se consideren un estorbo, es permitir que se asienten las premisas de lo peor. No es ridículo afirmar que la base de todos los totalitarismos es la negación del respeto: esto es lo que abre el camino a todos los fascismos, es por esa brecha que ellos se infiltran.

En todas las épocas y lugares hubo dictadores en potencia que jamás pudieron salir a la luz, que jamás pudieron conquistar el poder o siquiera acercarse a esa posibilidad. Uno de los factores que permitió a un número ínfimo de ellos consolidarse y lograr apoyo financiero para tomar el poder y conservarlo (jamás por mucho tiempo), fue un cierto clima de indiferencia maquinal, de conformismo tácito y la impresión compartida por muchos, rápidamente desengañados, de que aquello no les concernía. Otro factor pudo ser la aspiración general a una solución inmediata, delegada.

Las masas pueden volverse histéricas una vez que se ha consumado el hecho, pero no es la convicción previa o más tardía de algunos lo que permite la consolidación del totalitarismo sino la falta de convicción de aquellos que podrían identificarlo y rechazarlo.

No basta oponerse virtualmente a los genocidas. Ellos no llegan al poder impunemente: es necesario prepararles el terreno. Hay que resistirlos desde el comienzo.

Dejarse menospreciar y engañar, sea oficial u oficiosamente, según ciertos códigos sobreentendidos, es aceptar de antemano lo que puede sobrevenir.

Permitir que toquen una uña o un pelo de alguien es consentir el genocidio.

Asimismo, considerar que el hecho de relegar al abandono institucionalizado a millones y millones de seres que viven debajo del umbral de la pobreza no tiene importancia es también un preludio a lo peor.

Los que han escapado de esa suerte difícilmente pueden imaginar lo que significa sufrirla sin otra perspectiva que seguir sufriéndola, no porque la acepten sino porque es aceptada. Tampoco pueden saber íntimamente que cada unidad que se suma a las estadísticas del desempleo y la pobreza tiene el espesor de una persona. Que los seres representados por esas cifras no son congénitamente "los pobres", "los hambrientos", "los sin techo", "las víctimas"; que no es su función serlo, como no lo es la de nadie. Pero viven como si lo fueran, lo cual es quizá lo más difícil.

Nadie puede pretender que está verdaderamente a salvo, pero la idea es reconfortante; permite olvidar la presencia del que vive ahí, con su mundo, ese mundo que una suerte de delirio social pretende haber separado... ¡sin moverlo! Muchas personas que permiten la consolidación de los *apartheids* –incluso sin desearlos, compadeciéndose de sus víctimas– lo hacen por caer en la ilusión de que el marginado de alguna manera queda desencarnado, inmunizado contra el mal que se le hace en un mundo al cual ya no pertenece y cuyos desajustes ya no lo afectan.

Siempre hay buenas razones, virtuosas, racionales, para ser feroz. ¡Cuántas personas bondadosas de todos los tiempos y lugares han aceptado la legitimidad del horror!

"De todas maneras, ¿usted no pensará que... ?", dicen amablemente al mandarlo a uno a paseo, por no desearle la condenación eterna. "Usted no puede creer que...", ¡cuando la realidad es que sí puede, y se apresta a reivindicar esa posibilidad! "¿No dirá usted que habría que permitir la presencia de *todos* esos inmigrantes?" El tono no es tanto el de una pregunta como el de una amonestación indulgente, una incredulidad que le permite a usted –eso sí, es su última oportunidad– renegar de sus extravíos en lugar de expresar y discutir sus puntos de vista. Se trata sobre todo de hacerle saber que no hay nada más que discutir, que el asunto está resuelto. Que el "mundo existente" se ocupa de todo.

Hay frases, prohibiciones, actos infinitamente más violentos, atrocidades, pero esta frase deriva de una complacencia tan plácida que fija el horror.

"De todas maneras, ¿usted no pensará que...?" Cuántos lo han dicho con sereno aplomo, pavonéandose afable e imperiosamente desde lo alto de su compenetración con la verdad, convencidos no sólo de no estar equivocados sino de que su opinión, en armonía con la de los poderes constituidos y la *vox populi,* reinará por los siglos de los siglos.

Mayoritarios y poderosos, hubo algunos en los Estados Unidos que no podían concebir que los negros tuvieran los mismos derechos que los blancos, que esa denegación de sus derechos correspondía al orden natural, que no era una manifestación pura de humanidad realista a propósito de la cual no se podía pensar que... Con todo, algunos lo pensaron y abolieron la esclavitud...

¡Pero no la segregación! "Usted no pensará –se dijo– que los hijos de los negros puedan asistir a las mismas escuelas que los niños blancos, y que los negros puedan..." Huelgas, marchas, boicoteos, manifestaciones de blancos junto con negros demostraron que sí se podía "pensar que... " "Yo tengo un sueño", dijo alguien, y en verdad la realidad que visualizaban Martin Luther King y muchos otros, incluso muchos blancos, parecía corresponder al reino de los sueños. Pero esa realidad existe hoy, consagrada por ley. Tiene derecho de ciudadanía.[1] Un de-

[1] Incluso cuando impera tanto como sería posible: la miseria de la que se

recho adquirido sin violencia contra la soberbia de los más fuertes, visceralmente seguros de su derecho divino y detentadores de todos los poderes, una fuerza que se pensaba jamás podría ser cuestionada por una minoría, aplastada durante tanto tiempo por la fuerza y los números.

La abolición del *apartheid* en Sudáfrica ilumina el final de un siglo XX frecuentemente sombrío. Fue una victoria reciente porque Nelson Mandela quedó en libertad apenas en 1990, después de 18 años de cárcel. El mismo año, logró que se suprimiera la segregación. Tres años después, las elecciones democráticas y multirraciales lo convirtieron en jefe de Estado de su país, presidente de sus compatriotas blancos, quienes durante tanto tiempo habían tratado a él y a los suyos como subhumanos, y que ahora forman parte legalmente del mismo grupo humano.

Cuántas veces se escuchó decir a propósito del *apartheid,* rechazado incluso por muchos blancos: "De todos modos, usted no pensará que..." ¡Pero sí, siempre se puede pensar! Y saber que, si nada está ganado ni perdido de antemano, siempre se puede erradicar lo inadmisible, pero siempre que se le haya rechazado previamente con mucha convicción y algo de confianza.

Lo inadmisible no comienza ni de lejos con el genocidio, que es una consecuencia. Es un pretexto odioso el que invocan los colaboradores del nazismo que pretenden ser absueltos al declarar que desconocían la "solución final". Les parecía normal que hombres y mujeres, ancianos y niños, estuvieran obligados a llevar una estrella amarilla, que fueran insultados por el gobierno, golpeados, arrojados a granel a omnibuses, camiones y vagones, encerrados en campos, saqueados, expulsados, deportados. Les parecía normal que se le considerara un hecho sin importancia, uno entre tantos, por el cual no correspondía indignarse sino a partir de que empezaran a matar a esa gente y lo hicieran masivamente.

Desde luego, no se puede comparar esta época con aquélla. Pero se trata de comprobar hasta dónde puede llegar la cegue-

habla antes es para muchos la de las minorías; pero lo que se debe erradicar de los Estados Unidos es la miseria misma.

ra ante la suerte ajena, así como los pretextos que uno se da para clasificar rápidamente lo peor entre los sucesos que no se producen. *Y lo peor no siempre es la muerte, sino la vida masacrada en los vivos.*

Se trata de recordar cómo, frente a los dogmas, la soberbia, los medios de persuasión de la potencia reinante, de sus servidores y seguidores, frente a su certeza de que ejercen el poder para toda la eternidad, de que han convertido el planeta en un monumento, frente a las dictaduras, toda forma de resistencia siempre pareció insensata, demente, cuando no una herejía ingenua y criminal, inútil. Y que es esencial arrogarse el derecho de "pensar que..." Sea en democracia o bajo una dictadura. La contribución de la democracia y los derechos humanos es crucial, pero no ha impedido que se considere el colonialismo como un derecho evidente, parte integrante de una visión política general. No impide los intentos actuales de colonizar todo el planeta.

Toda vigilancia es poca. No hay límites a lo que pueda suceder a partir de la absolución que se dan los bellos espíritus cuando cometen contra algunos lo que jamás osarían contra otros, arrogándose el derecho de considerar inferior a cierta parte de la humanidad. *Cuando falta la ética, no hay límites.* Lo mismo sucede cuando se acepta que se le niegue un solo derecho a una sola persona. Ni los habrá mientras reine, utilizando el término artificial de globalización, esta dictadura ultraliberal que da prioridad al lucro por encima del conjunto de los seres humanos.

Este libro se terminó de imprimir y encuadernar en el mes de julio de 2002 en Impresora y Encuadernadora Progreso, S. A. de C. V. (IEPSA), Calz. de San Lorenzo, 244; 09830 México, D. F. Se tiraron 2 000 ejemplares.